斎藤一人

27年後の変な人が書いた

成功法則

ひとり

徳間書店

はじめに

今から27年前。

キーホルダーのような形状をした、「たまごっち」という電子ゲームが一世を風靡《ふうび》した1997年に、一人さんは、生まれて初めて自分の本を出しました。

その4年前から、全国高額納税者番付の5位以内に連続でランクインするようになり、ついに1位に輝いたところで、出版社の人から「本を出しませんか？」というお話をいただいたわけです。

正確には、弟子の恵美子《えみこ》さん（「銀座まるかん」正規販売代理店の柴村《しばむら》恵美子社長）が、「一人さん、一緒に出かけない？」と言うのでついて行ったら、出版社の編集者が待っていたというオチだったんだけど（笑）。

番付で上位にランクインする人たちの多くは、土地や株式の譲渡によるものでしたが、私の場合は事業所得だけで、しかも個人経営の立場。

一人さんみたいな人は、ほかにいません。

いったい、何をどうやったらそんなに成功できるのかを、ぜひ本に書いて欲しいということでした。


私は、自分の好きなように生きたいタイプだし、実際に、自由人そのもの（笑）。

本音を言えば、本を書いて人の注目を集めるのは嫌でした。目立たずにひっそりと生きていたかったんだよね。

ところが、恵美子さんが押しに押してくる（笑）。

「一人さんの考え方ほど、宇宙の真理をズバリ言い当てているものはありません。そのうえ、楽しくて簡単。こんなにすばらしいものは、みんなにも教えてあげなきゃ！」

その圧にたじろぎ、じゃあ1冊だけ……と譲歩したら最後（笑）。

本の題名を、『変な人が書いた成功法則』という、一風変わったものにしたことや、そのなかで明かした一人さんの生き方が、読んだ人の度肝《どぎも》を抜いて、いきなり大ベストセラーになっちゃったの。

私としては、ごく当たり前の話をご紹介しただけなのですが、どうやらそれは、世間様の感覚とはちょっと……いや、だいぶ違ったんだね。

一人さんの常識破りな考え方は多くの人の胸に響き、以降、今に至るまでに300冊以上もの本を出すことになりました。

人生というのは、つくづくおもしろいものです（笑）。

話が長くなりますが、もう少しだけお付き合いください。

さて、最初の本から27年。今、改めて自分の本を読み返して思うのは、

「オレは昔から、一貫して同じことを言い続けているなぁ」

ということです。

自分で言うのもなんだけど、何百冊もの本を出しながら、その軸はいっさいブレ

てないんだよね。


もちろん、細かい話をすればいろんなことを書きました。

時代が変われば、人の感覚も変わる。それに応じた表現は必要だからね。

また、人はそれぞれ置かれた立場や考え方の違いがあるわけで、「がんばりな」と言ったほうが奮起できる人もいれば、正反対の「がんばらなくていいよ」の言葉を必要としているケースもある。

でもね、人間の本質とか、幸せになるための生き方は、同じことしか言いようがないの。なぜかと言うと、

「宇宙の真理は一つ」

であり、その真理は、どれだけ時間が流れても変わることがないから。

どんな時代でも、誰にとっても、この世の道理はたった一つ。

そんなわけで、本書は最初の本から27年経った現在の結論でもあるんだけど、根っこの部分はこれまでの本と変わりはないとも言えます。

ただ、斎藤一人という人間は、27年分の成長を遂げました。

同じ法則でも、昔の自分にはなかった視点、感性を通じて見ることができます。

今の私だから、語れるものってあるんだよね。

それに、世の中もこの27年で大きく変わりました。この時代を力強く、楽しく生きるために必要なメッセージも送りたい。

かつて「変な人」だった私は、今もやっぱり変な人ではあるけれど（笑）、その中身は格段に進化しています。

その、パワーアップした「今を生きる私」なりに、時代に合った「新・宇宙の真理」を精いっぱいお伝えしようと思います。

斎藤一人

目次

27年後の変な人が書いた
成功法則
ひとり

第2章 思いという土台が命なんです 55

第3章　このひと押しで幸せ度は劇的に高まるよ　89

第5章
不思議で楽しいこの世界を笑って生きる

お知らせ

私は自分のことを大切に思っているので、自分で自分を「一人さん」と呼びます。

また、本書には「神様」という言葉や、それにまつわるお話が繰り返し出てきますが、これは特定の宗教を指すものではありません。

この宇宙を創造したエネルギー（お天道様のようなもの）のことですので、ここでお知らせしておきますね。

27年後の変な人が書いた

成功法則

斎藤一人

校閲　鷗来堂
構成　古田尚子
装丁　藤田大督
編集　高畑　圭

第1章

人生を変える「普遍の真理」がある

何より大事なのは太陽として生きること

私たちは、朝になれば明るくなり、夜は暗くなる世界に住んでいますが、これは当たり前のことではありません。明るくしてくれているのは、太陽なんだよね。

太陽の光が日本に届いて明るくなれば「朝」、地球が自転して光が届かなくなれば「夜」になる。

もしこの世に太陽がなかったら、地球がどこを向こうが、いくらグルグル回ろうが、明るくなりません。

世界は永遠に闇のままで、朝や夜といった概念すら生まれなかっただろう。

それから、いくら太陽があっても、のべつまくなしに燃え盛ってくれなきゃどうしようもないよね。

太陽が、その日の気分で「今日は燃えとくか」「どうも調子が出ない、しばらく休もう」なんて言い出したらどうなるか。地球上の生物は、みんな困っちゃうんです。

光や熱が安定的に地球へ届かなくなれば、命は育まれません。

でも、もちろんそんなことはなくて。

太陽の気分にムラはないし、いつでも明るく地球を照らしてくれます。

おかげで、私たちは太陽の機嫌をうかがいながら生きる必要もないわけです。

人間もそれと同じなの。

気分にムラがある人は、自分も周りも不快にさせます。かかわる人がみんな、「闇が続いたらどうしよう」ってハラハラしてなきゃいけなくなるんだよね。

自分や人の幸せを奪う、大迷惑な人になっちゃうの。

その反対に、**いつも太陽みたく明るい人は、自分はもちろん、周りも安心して幸せの道を行けます。どんどん豊かになる。**

嫌なやつが出てきたとしても、あなたが明るく輝いてさえいれば、どんな闇も明

る く照らせるの。
太陽である限り、あなたはいかなる環境でも幸せでいられます。

一人さんはね、人間が生きるうえで何より大事なのは、

「太陽として生きる」

ことだと思っているんです。

不遇な生まれや育ちでも、ハンディキャップがあっても、自分が太陽であることを忘れず、輝きを失わない。

そうすれば、不利に見えることが全部、最強の武器に変わります。

これが、一人さんの精神論なんだ。

笑顔が「第三の目」を開くんだ

地球上には、いろんな動物がいます。

そのなかで、

「笑う」

ことができる生きものってどれぐらいいるだろう？　猿や犬なんかも笑うことはわかっているし、実際、人間の目から見てもペットの笑顔に気づくことはある。

でも、人間ほど豊かな表情はないんだよね。人間の場合は、ほほ笑みや大笑い、照れ笑いといった、バラエティに富んだ笑顔があるじゃない。

笑顔だけでこれほど多様な表情ができるのは、私たち人間だけに与えられた特別な能力なんです。

だから一人さんは、**人間の笑顔には大きな意味がある**と思っています。

笑顔にとんでもない力があるから、神様がこれだけのものをつけてくれたのだと。で、それは何かと言うと、さっきの「太陽として生きる」ことを可能にする力だと思います。

人が太陽になるには、明るい表情が必要なの。

太陽になりたかったら、つらいときも、悲しいときも、とにかく笑えばいいんです。

たとえ心は泣いていても、笑っていれば、そのうち心もつられて明るくなる。笑顔があれば、不思議と心は軽くなるものなんです。

笑顔って、幸せを出す魔法なの。


顔のつくりなんて関係ありません。笑ってる人は、それだけで福相です。

笑顔があれば、誰でも福相になれる。それも、群を抜いて強運になれる福相なの。

なぜかと言うと、いつも笑顔だとまず人に好かれるよね。敵ができない。

笑顔は、相手に対する「私はあなたの味方ですよ」という最大の表現だから、笑顔を見た人は、みんな本能的に安心するんだ。

たまに、こじらせた人に嫉妬で嫌われることがあるかもしれないけど、そんな人とは付き合わなきゃいいし、日ごろからいい人間関係のなかで生きている人は、何かトラブルに巻き込まれそうになっても、必ず周りが助けてくれるものだよ。

そしてもう一つ。

笑顔になると、余計な力が抜けて、眉間にある「第三の目」が開くんです。

魂の目（心の目）とも呼ばれる第三の目は、目で見ることのできない、さまざまな真実を見通す力を持ちます。

愛染明王《あいぜんみょうおう》という神様がいてね。パッと見は怒りの表情で、少しおっかなく感じる人がいるかもしれないけど、「愛染（愛に染める）」という名の通り、愛で、豊かさや良縁をもたらす、あったかい神様なんです。

この、愛染明王の額にあるのが、第三の目なの。

第三の目で得たものは、人知を超えた「神の知恵」であり、これがあると、どんな人生も簡単に豊かになります。神の知恵で、誰でも100%幸せになる。

そんな第三の目が、笑顔でパッと開くわけです。

一方、笑顔のないしかめっ面の人はどうか。

人は、悩んだり怒ったりすると、体がこわばります。知らないうちに力んじゃって、眉間にシワが寄るの。

そのシワで、第三の目が開かなくなるんです。額の目が、シワに埋もれちゃうの。

だから、大切なものが見えなくなってうまくいかなくなる。

眉間にシワを寄せながら考えごとをしても、いい知恵は出てこない。当たり前だけど、それで幸せになろうと思っても難しいよね。

自分を愛する力って最強なんです

人は、愛を出すために生きています。愛を出すことで、幸せになれるんだよね。

といっても、外に向けて愛を出そうと言っているわけではありません。もちろんそれも大事なんだけど、その前に、忘れてはいけないことがあるの。

それは何かと言うと、自分を愛することです。

自分だけ愛せばいいんですかって言うと、極論、そうなんです。

でもね、自分を愛せる人は、自分がどうこうしなくても愛がこぼれちゃうの。あふれ出した自分への愛が、勝手に周りへ向かいます。

自分を愛することによって、自動的にほかの人にも愛を出せるわけです。

しかもこの場合、自分と同じ熱量で人を愛せる。自分への愛は100%だけど、人には80%の愛しか出せない、とかじゃないんです。

自分を100%愛せば、誰に対しても100%の愛が出ます。しかも、勝手にね。

自分を愛する力って、最強なの。

だから、自分を愛せばそれでいいんだよって言うわけです。

世の中には、人のために我が身を削る人もいて。しかも、そういう人の愛が称賛されがちなの。

だけど、自分が消耗している人の愛は、実はものすごく不安定で弱いんだよね。ちょっとしたことで、愛だったはずのものが憎しみや悲しみに変わることもある。自分の心が枯れているのに、人の幸せを本気で願うことはできません。自分が満たされていなかったら、どうしても嫉妬や自分否定に傾きやすくなるんです。

その点、自分を100%の愛で満たしていると、まず心が安定します。土台がしっかりして、いちいちグラつかないから、穏やかな気持ちで人に優しくできるの。

それにね、自分一人で幸せを味わうのも楽しいけど、誰かと幸せを分かち合えたら、喜びは何十倍、何百倍と大きくなる。

で、誰かと幸せを分かち合おうと思ったら、相手もちゃんと満たされてなきゃダメでしょ？　共感は、お互いに同じぐらい幸せでなきゃ生まれないものだからね。

結果、ほかの人の幸せを当たり前に願えるわけです。

また、この世界のあらゆる生命、物質、現象には、「波動（周波数のようなエネルギー）」というものがあり、それぞれの波動が影響し合います。

強い波動であればあるほど、その影響力も大きくなるんだよね。

つまり、あなたが強力な幸せ波動を出せば、それが周りに伝わって、ほかの人の波動もガンガン幸せ波動に変えちゃうわけだ。

さらに、同じような波動は互いに引き合う性質もあるため、幸せ波動を出す人には、幸せ波動を持つ、幸せな人やモノ、現象がもたらされます。


自分を愛せる人は、愛のある人に囲まれて、豊かな人生が作られる。

あなたを中心に、愛の世界が広がっていくよ。

目指すは「愛の金太郎アメ」だ

人は、金太郎アメみたいなものでさ。

明るい人は、どこをどう切り取っても明るいの。優しい人は、どんなときも人を思いやる気持ちを忘れません。

それと同じで、否定的な人は、いつ、どこにいても自分や人をゆるせない。どこからどう見ても、否定のムードが漂っているんです。

こういう人がいくら肯定的なことを言っても、その裏側には、重いもの、黒いもの、冷たいものが隠れているから、やっぱり否定のムードがにじみ出ちゃうんだよね。

だから、意識的に「愛の金太郎アメ」にならなきゃいけない。

徹底的に自分を愛し、自分に優しくするんだよ。

明るい太陽として生きるの。

たとえば、ある人が「うちの会社は暗い人ばかりで、自分まで振り回されて否定的になってしまう」と悩んでいるとするじゃない。

こういう場合、周りのせいにしたり、会社の文句を言ったりしがちなんだけど、それで状況がよくなることはありません。

自分自身がどうなのか。大事なのはそこなんです。

周りに振り回されるって言うぐらいだから、その会社は本当に暗いんだろう。

でもね、周りじゅうが暗いからこそ、自分だけは明るくいようって思ってみな。

暗闇のなかで、あなただけでも太陽になるんだよね。

そうしたら、暗い会社に光が差す。


あなたのおかげで夜明けが訪れ、活気ある職場に変わってきます。


愛の金太郎アメになると、どんなときでも愛しか出なくなるから、こういうのが勝手にできちゃうんだ。

すべての基準が愛になり、愛の視点、愛のある言葉、愛のある行動、愛のある判断、愛のある解釈でしか生きられなくなるんです。

周りにどんな人が来たって関係ない。脊髄《せきずい》反射的に愛のある選択ができるから、人生を間違うことがなくなるの。

しかも、暗闇で光を出せる人はすごく人の目を惹きます。

ダイヤモンドでもさ、砂利のなかでキラッと一粒光ってたら目立つじゃない。一粒しかないダイヤモンドだから、貴重で大切にもされる。

会社が暗いのなら、あなたも、そういうダイヤモンドを目指せばいいんです。

重いムードのなかで、たった一人でも光ってたら、あなたはその会社で欠かせない人になる。間違いなく大出世しちゃうよ。

乾いた砂場にいようが、ジメジメの暗闇にいようが、いつも変わらずキラキラ光り輝く。それが本物のダイヤモンドというものです。

どこにいても、あなただけは輝きな。

経営は方法論よりも「考え方」です

一人さんは、「銀座まるかん」という、サプリメントや化粧品の開発販売を行う会社を作りました。そして、私の考え方や生き方に賛同してくれるお弟子さんたちが、正規販売代理店の社長になってくれています。

そんなお弟子さんたちに、私が最初に教えた経営の方法は何かと言うと、

「魂を豊かにしな」

ということなんだよね。


世間では、経営の方法というと、難しい経営学とか戦略みたいなものを想像すると思います。

でも私は、そういった方法論よりも、いかに魂を成長させるかが経営の肝《きも》だと考えているの。

お弟子さんたちは、もともと経営のプロではありません。指圧師だったり、いわゆる普通の会社員だったり、儲からない喫茶店をやってたり（笑）。

全員、経営の素人だったんです。

それでも……というか、だからこそ、まず魂磨きが大事なの。

成功するためにいちばん大事なことは、「考え方」です。

方法論が不要なわけではないけれど、どんな方法論を持ってきても、それを実行するときの考え方が間違っていたらうまくいきません。たとえ成功したとしても、その成功が長く続くことはないと思います。

方法論ってね、自分の状況やスタイルに合うものなら効果的だけど、そうじゃないことも多いんです。場合によっては、そのせいで失敗することもある。

方法論は、全員にとっての正解がありません。

人によって出てくる結果は違うし、もっと言えば、同じ人でも、考え方によって結果に大きな差が生まれるんだ。


考え方って、その人の土台になるものです。

太陽として生きる、明るい考えを持った人は、何かと周りが手助けしてくれるものだし、そのときのあなたに必要な知恵も出してくれます。

周りの人から知恵が出ないときは、何気なく目に留まった本や、インターネットのサイトなどに、自分にぴったりのやり方を見つけるようになってるの。

明るい考え方の人は、周りにも、神様にも応援されるから、いちいち自分から方法論を探さなくても、少しも困らないよ。

人の魂は永遠。何度でも生まれ変わります

今からお伝えすることは、説明のつかない不思議な話だから、そういうのに興味がある、楽しい、と思える人だけが信じてくださいね。

あれは、一人さんが小学校に入ったかどうかぐらいのときだったんだけど。

ふと夜中に目が覚めたところ、目の前に、白く光る玉がふわふわ浮いていたの。

そしてその玉が、大きく膨らみながら私に近づいてきたのです。

あっ！　と思ったときにはもう、私はその玉に包み込まれていました。

というようなことが、何度かあったんです。

白い玉のなかに入ると、その瞬間、ずっと疑問に思っていたことが全部わかるの。一人さんは幼い頃からちょっと変わっていて（笑）、大人でもあんまり考えないようなことが、なぜかいつも頭をグルグルしていたんです。

「人は、なぜ生まれてくるんだろう？」

「僕はどこから来たのかな？」

「死んだら、みんなどうなっちゃうの？」

親や兄弟にいくら聞いても、確かな答えはもらえません。

答えの出ない問いに、ずっとモヤモヤしていたわけですが、白い玉に包まれると、パッと解決するわけです。

それらを簡単にまとめると、こういうことになります。

✓この世の命あるものはすべて、神様の「分け御霊《みたま》（神様に分けてもらった命）」で、その魂は永遠である。

✓この世での死は、あの世での誕生と同じこと。魂は「生き通し」で、何千回、何

万回と生まれ変わりながら、この世とあの世を行ったり来たりしている。
✓地球は、魂を磨くための楽しいテーマパークみたいなもの。

人間は、この世で死を迎えても、魂があの世へ移動するだけで、その本質にはなんら変わりはありません。今まで使っていた「器」としての肉体は消えてしまうけど、時を経てまた別の肉体を神様から授かり、何度でもこの世に生まれます。

これを「生き通し」と言うんだけど、私たちは、永遠にそれを繰り返しているわけです。

なぜ、そんな気の遠くなるようなことをするのかっていうと、人間は、「生みの親」である神様に近づきたいからです。

人間の子が「お父さん（お母さん）」の背中を追うのと同じで、人はみな、全知全能の神に少しでも近づきたいし、もっと言えば、親を超えたい。

魂の本能として、そう思うようになっているの。

といっても、神様を超えることなど人間にはできません。それでも上を目指したいから、魂は永遠に生き死にを繰り返しながら、この世で魂磨きをするわけです。

神様とは、これ以上ないほどの、完璧な「愛と光」の存在です。

つまり私たちの魂も、それと同じなんだよね。神の子なわけだから。

ただ、神様の存在感に比べると、人間はずっとずっと未熟です。レベルが全然違う。

だからこそ、もっと愛を深めたいし、明るい光を出せるようになりたいんだよ。

魂を成長させるには、なかなか思い通りにならないこの地球で経験を積むのがいちばんです。

ただ、そのときに「自分は神の子」「永遠に死なない」という本質をハッキリ覚えたまま生まれると、せっかく地球に来ても悩むことがないし、感動だって薄くなる。自分は神の子で、永遠の命を持っているという前提だと、恐いものがなくて修行にならないんだよ。

そんなわけで、私たちは、生まれ落ちる瞬間に、神の子であることを忘れるようになっているのです。

あなたはそのままで完璧だよ

私たちは、絶対なる神様が作った存在です。

全能の神様によって生まれた魂なんだから、人は誰もがそのままで完璧であり、欠陥人間なんていないんだよね。

人はとかく、「自分のここが嫌い」「あの人のこういうところがダメ」とかってアラを探し、レッテルを貼りたがるんだけど、本当はアラなんてない。

人はみんな、そのままで完璧です。

というか、そのままでなきゃダメなんだよね。

だって、「ここを直そう」「あの人を変えたい」と思うのは、神様を否定することと同じでしょ？

自分は、神様を否定できるほどの存在なのかって話なんです。


世の中には、嫌なやつがいます。とんでもない悪党に出くわすこともある。

でも、その全員が、本当は完璧なんです。

悪党のどこが完璧なんですかって思うかもしれないけれど、見方を変えると、

「悪党がいることで、人の優しさが見える」


ということが言えるの。

ルールを守らない、人を傷つける。そういうのは、誰がどう見ても悪い。言うまでもありません。

でも、神様はあえてそれをこの世界に出してきたわけです。

ということは、単に悪者扱いするだけで済ませてはいけない、「何か」が隠されているんだよね。

じゃあ、この悪いことのなかに神様はどんな意味を含ませたんだろうって。そこ

を考えることが、魂の向上につながるわけです。わかるかい？

悪事というものがなかったら、人は「嫌だなぁ」と思うこともない。誰かの痛みに触れることで、人は初めて「自分はこういうことはやめよう」と学ぶことができます。

そして悪いこと、人に嫌われるような振る舞いをした本人も、未熟な自分でなければ経験できないことがある。今世、そういう未熟さが必要なんだね。

その意味では、嫌なやつも魂の成長過程で学んでいるだけです。未熟であることが、今のその人にとって完璧なの。

やがて、「こういうことをすれば、自分も人も苦しくなる」と気づくときがくる。その学びで魂が成長すれば、一歩、神様に近づきます。だんだんに、悪いことをしなくなるものだよ。

悪く見えることも、この世界での大切な学びの一つ。

そういう考え方が基準になれば、人は目先のことに振り回されなくなります。起きた出来事の深いところにある「神の真意」を汲《く》もうとする人は、どんなことからも学んで、神様に近づいていく。

そしてそれは、自分が愛と光の存在であること、神の子であることのカケラを拾い集めるのと同じだから、学びを重ねるごとに幸せが深まっていきますよ。

そのままのあなただから最高に光る

人にはそれぞれ、個性があります。指紋が同じ人はこの世に一人もいないし、見た目が同じ人もいません。考え方や生き方も、千差万別です。

一人ひとり違うから、この世界はみんなで支え合い、協力し合うことで成り立っている。いろんな人がいて楽しいし、それぞれの魅力で豊かな文化だって生まれます。

この世に、いなくていい人なんて誰もいません。あなたにも私にも、この世界や社会での役割があって生まれてきたんだよね。

だから、「あの人みたいになりたい」なんて思わなくていいんです。

自分ではない誰かになろうとしたって、自分は、自分でしかいられません。だとしたら、今の自分を否定するよりも、「そのままでいいんだ」って認めてあげたほうがよっぽどいいじゃない。

自分を否定するって、愛とは真逆の感覚です。否定しても、自分にいいことなんて一つもない。

否定すればするほど、その否定波動で嫌なことを招くだけです。

その点、**どんな自分でも「これでいいんだ」とゆるし、受け入れてあげたら、あなたは幸せになるしかない。**

そのために、自分に優しくしてあげな。自分に愛を出すんだよね。

自分の個性をどう活かせば魅力が増すだろうって、楽しく考えてみたらいい。

もともと完璧ですばらしいあなたなんだから、「あの人みたいになりたい」とか思わないほうが、自分らしい魅力で輝けます。

地中から、宝石の原石を取り出すでしょ？　で、その原石は黄色だったとします。そのときに、黄色が気に入らないからって、赤いペンキで塗り固める人はいないよな。黄色の原石が採れたら、それを磨き上げて、美しい黄色の輝きを出そうとするじゃない。

赤いペンキなんか塗ったって人工的な色にしかならないし、輝きも出ません。せっかくの宝石をダメにしちゃうだけだよね。

あなたが黄色の宝石なら、黄色としての自分を磨き上げて、最高にきれいな黄色の魅力を引き出すの。あなたにしか出せない黄色の輝きがあるんだから、それを活かさないでいるなんてもったいないよ。

それに、世の中にはいろんな人がいます。

たとえあなた自身は「黄色より赤のほうが好きだな」と思ったとしても、「赤より黄色がいい！」って人は大勢いる。「あなただからいい」と言ってくれる人が、必ずいるんだよね。

黄色い宝石が好きな人は、黄色の宝石が欲しい。

そして、赤い宝石が好きな人は、赤い宝石として輝いているものに魅力を感じるわけで、黄色の宝石を赤く塗っただけの石には興味を示さないだろう。だってそこには、黄色の魅力も、赤い魅力も感じられないんだもの。

モノでもなんでも、張りぼてや偽物《にせもの》には興味を持てないでしょ？ 誰だって本物のほうがいいし、本物には唯一無二の価値がある。

混ぜ物のないあなただから素敵だし、純度の高いあなただから、磨きをかけることで最高に光る。そういうことだよ。

成功したかったら毎日を楽しみな

人生には、いくつもの岐路があります。大きなものから、日常の小さな選択まで、数えきれない分かれ道が出てくる。それこそ、朝ごはんはパンとお米のどっちにしよう、着る服はどれにしよう、どの家事(仕事)から取り掛かろうか……日常は、選択の連続です。

でね、そのときの選択肢は2種類しかない。**「楽しい(好きな)ほう」と、「気の進まない(苦労する)ほう」です。**

出てきた選択肢が二つ以上ある場合は、どんな楽しさ(苦しさ)か、という点で違うだけで、結局は、楽しさか苦しさのどちらかに振り分けられるんだよね。

普通に考えたら、楽しくて簡単な道へ進みたいと思うものだし、それが正解だと頭ではわかるよね。

ところが、分かれ道には落とし穴が潜んでいることがあって。

それは、いわゆる「世間の常識」です。

この落とし穴に、人はとにかく惑わされやすいわけです。

多くの人は、「社会で苦労するのは当たり前」「欲しいものを手に入れるには、何かを犠牲にするものだ」とかって教え込まれながら育ちます。それが、正しい常識のように思い込んじゃうんだよね。

すると、楽しく簡単に成功できる道が出てきても、「世の中そんなに甘くない」という前提のせいで、わざわざ厳しいほうを選んでしまうわけです。そこに楽しい道があることにすら、気づけない人もいる。

だけど、苦労の先には、もっとつらい現実が待っているだけです。

一人さんは、そのことを子どものときから知っていたから、自分の人生では、徹底して苦労を避けてきました。

うちのお袋さんは働き者で、いろんな事業を営んでいました。その関係で、斎藤家には多様な人々が出入りしていたの。人が集まれば、自然と「お茶でもするかい?」なんて流れになる。身の上話だとか、自分や知人の苦労話が始まるわけです。

私は学校嫌いで、たいてい家で本を読んだりして過ごしてたものだから、大人たちの茶飲み話が、聞くともなしに聞こえてくる。

そのうちに、あることがわかった。

成功していない人ほど、苦労しているじゃないかって。

うまくいかない人は、早い話、やり方が間違ってるんだよね。的外れなことをがんばったって、まず成功しない。苦労だけして終わっちゃうの。

じゃあ、いったい何を間違えているのかと言うと、「楽しくない」道を選んじゃってるんです。

自分に向かない仕事なのに、「仕事とはこういうものだ」という思い込みで我慢し続けている。お金のために、嫌なやつの言いなりになっている。

そういう苦しい道であくせくしていて、聞いてるだけで苦しくなっちゃうの。


一方、成功して幸せそうな人は、仕事をすごく楽しんでたよね。目先のお金よりも、好きな仕事を選んでいる。

あるいは、最初はそれほど好きじゃない仕事だったとしても、自分なりの楽しみ方を編み出していました。考え方を変えたり、仕事のやり方を工夫したりしてさ。

仕事をしてたら、いろんな問題が起きるものです。でもそのとき、仕事を楽しんでいる人には、つらいとか、我慢とか、そんな感覚が出てこないんだよ。


そんなわけで、一人さんは**「苦労なんて絶対しないぞ」**と心に誓った。

実際、今に至るまでの人生、いかなる選択を迫られても、必ず楽しくて簡単な道を選んできたんだよね。

そうして得たのが、みなさんもご存じの通りの豊かさです。

お金や仕事だけじゃない。真に心をゆるし合える、あったかい仲間たちとの出会いにも恵まれました。

自分ほど幸せな人間はいない。そう断言できる人生を手に入れたんだ。

成熟した現代では「楽しい道」が正解です

世界は、だんだんよくなっていきます。過去から今に至るまでの、**どの時代と比較しても、今以上に発展していた歴史はありません。**

時代とともに、技術革新は進み、豊かになってきました。

これは、今後も変わることのない事実です。

時の流れとともに、人も、世の中も、進化し続ける。それが神の法則なんだよね。

ざっと振り返ってみましょう。

まず縄文時代とか、弥生時代くらいの話になるんだけど、当時は食料の確保が最優先される時代だったの。食べることができなきゃ、飢えて死んでしまうからね。

それで狩猟や農耕が行われていたわけだけど、いずれも個人プレーではどうにもなりません。それぞれの役割はあっても、大勢で協力しなければ食料は手に入らない。

狩りをするときは、何人もの目で獲物を探し、追い込む人や待ち構えて仕留める人が必要です。田畑で作物を育てるにしても、作物を植える時期とか、収穫の時期というのは決まっているから、個人がゆっくりやってたんじゃ間に合わない。みんなで、一斉に植えたり、刈り取ったりしなければならないよね。

で、人が大勢集まれば、集団を統率する強いリーダーが求められる。そして、リーダーの言うことは、いい悪いに関係なく絶対、という世界が出来上がります。

ここが、魂の第一段階なんだよね。

次に、戦国時代から江戸時代あたりまでくると、人の暮らしもだいぶ豊かになるわけだけど、この頃はまだ、みんな善悪というものがよくわからなかった。

まだまだ、強いリーダーが民を支配する時代だったんです。その強権支配をおかしいと思う人は少なかったし、たとえ声を上げる人がいても、目障りだと殺されてしまったの。

でもね、そんななかでも、人の心や体を傷つけてはいけないとか、人のものを盗ってはいけないとか、善悪の基準みたいなものは少しずつ浸透していきました。

このあたりが、魂の第二段階です。

そして、今。

私たちはついに、魂の夜明け――つまり、魂の第三段階を迎えました。

正しい道、間違った判断についても、みんなよくわかるようになったんだよね。

本能のままに行動してはいけない。理性を持って生きる。みんなで作ったルールを守らなければならない。ほとんどの人が、その観点を持っています。

じゃあ、魂の第三段階では何が柱になるかと言うと、

「正しいことはもうわかったから、次は楽しい道に行こうよ」

ということなんです。

現代を生きる私たちは、いくら楽しいほうに意識を向けても、そのことで正しさを忘れはしません。

魂は長い時を経るなかで、正しいことを知りました。正しさは大事だと、魂にしっかり刻み込まれているんだよね。

正しいことが何か、もう充分にわかっています。それを忘れることはありません。

だから、安心して楽しい道に進めばいいんです。

あなたが選ぶのは、「正しくて楽しい道」のはずだし、もしそうでなかったとしても、そのときはちゃんと自分の魂が教えてくれるの。

人生を楽しむことに、何も心配いらないよ。

お金のコラム❶

大事な自分が貧しいのはおかしいよな

お金って、本当に便利なものです。

一人さんは、お金は神様の愛だと思っているんだよね。

だって、もしお金というものが存在しなかったら、私たちは物々交換で欲しいものを手に入れなきゃいけない。

タクシーに乗ろうと思ったら、「カボチャ10個です」。新幹線は、「米俵一俵で利用できますよ」とかってなるじゃない（笑）。

世の中には、お金を否定する人もいます。

でも、お金は単なるお金で、そのもの自体にいいも悪いもないんだよね。

もちろん、お金に苦しみや不幸もありません。お金で苦しむ人がいるのは、思いの問題なんです。

たとえば、1ヵ月の給料が30万円だとして、この範囲内で生活ができれば、そんなに苦しまないよね。それを、10万円の赤字になった、あと20万円欲しい、とかってやり出すから、お金が足りなくなって苦しくなるんです。

お金が足りないんだとしたら、収入のなかでうまくやりくりするとか、副業や転職でもっとお金を稼ぐとか、そっちに意識を向けるしかありません。

文句を言っても、お金が降ってくることはないよね。

そもそも、本心からお金が嫌いな人って、世の中にそれほどいないと思います。口には出さなくても、たいていはお金が大好きなんじゃないかな。

なのに、なぜか「世の中、カネじゃない」「身を粉にしてまでカネを稼ぎたくない」「大金を持つとロクなことにならない」とかって、お金の悪口を言う人が少なくない。

これはおそらく、自分がもっと稼ぎたいのに、それが叶わずモヤモヤしていることが原因なのだと思います。

もちろんそうじゃないケースもあるだろうけど、本当はお金が好きなら、素直にそれを認めたほうがいいよね。

本心を偽るのは苦しいし、その苦しい波動が、また苦しい明日を生むだけだから。

お金を手に入れるって、難しいことじゃないんです。ただ、お金の川に手を入れたらいいんだよね。

この世界には、お金の川が張り巡らされています。

あなたの目の前にも、すばらしいお金の川があるはずなの。そこに、ちょっと手を入れてごらん。

手を入れるというのは、

「これほど価値のある自分が貧しいのはおかしい」

「何が間違っていて、お金が入ってこないんだろう」

そう考えることを指します。


考えることで、見えるものがあるんだよね。

今まで不平不満ばかり言ってきたかもしれないし、いばるとか、ビクビクしていたかもしれない。お金が入ってこないのには、何かワケがあるはずなの。

これを考えた時点で、既にあなたはお金の川に手を入れている。手を入れたことで小さな支流ができ、あなたに向かってチョロチョロお金が流れ始めます。

ここまできたら、あとはその流れを太く育てるだけなんです。

つまり、太陽として生きる。波動を変える。

あなたが輝く太陽となり、明るい波動になればなるほど、お金の川は太く、そして深くなります。豊かさは、もう目前だよ。

第2章

思いという土台が命なんです

人生で困ったことなんて何一つ起きません

生きていると、思いもよらない展開、想像を超える出来事に慌てることもあります。

でもね、そのすべては困ったことではない、というのが一人さんの考えです。

この世界で、私たちが本当に困るようなことは絶対に起きません。何一つ、です。

にもかかわらず、なぜ人間は困るのか。それは困ったように思っているだけです。

自分の心が、困ったと捉えているだけで、起きたことをよくよく見ると、実はまったく困っていないことがわかるの。

それどころか、困った顔で出てきた問題が、実は幸運の糸口だった、なんてことも珍しくないんです。

災い転じて福となす。

そんな諺《ことわざ》があるように、**悪く見えることだからって悪者扱いしてると、知らない間に幸運をつかみ損ねちゃうの。**

たとえば、学校の先生とか親とかは、子どもの成績が悪いと心配します。「このままじゃ困ったことになるよ」「将来、後悔する」とかって。

一人さんは超がつくほどの勉強嫌いで（笑）、ろくに学校へ行かなかったものだから、私自身、こういう大人の言葉を山ほど聞いてきました。

方程式が解けない。英語ができない。そのたびに、お小言をもらったよね（笑）。

じゃあ、かつて大人たちが私に言ったことは本当だったか。

これがね、ことごとくデタラメだったの（笑）。

計算ができなくても、世の中には性能のいい計算機があります。スマホのような、生活全般をサポートするすばらしい道具も出てきた。

そういう道具を使えば、自分の頭を使わなくても正確に計算してくれるんだよね。

自分で計算するほうが、ミスをする確率ははるかに高い。

そんな便利な社会で、方程式を使わなきゃいけない場面なんて、私は一度も遭遇したことがないんです。

英語にしても、うちの会社は外国人と取り引きすることもないし、一人さんは大の日本好きで、海外旅行をしたいと思ったことすらない。英語が必要になったことがないの。

たとえ外国人と話さなきゃいけなくなったとしても、そのときは、優秀な通訳さんに来てもらえば一発解決です。やっぱり、自分の困る様子が想像できないんだよ。

私は勉強嫌いだったし、実際、勉強は全然できなかった（笑）。だけど、学校の勉強ができないことで困ったことがない。

それどころか、**勉強が苦手だったからこそ、早く社会に出て人より出世するぞっていう思いが、商人としての道を拓《ひら》いたんだ。**

もし私が勉強嫌いでなかったら、今の斎藤一人はなかった。

もちろん、数学でも英語でも、それが好きな人は勉強したほうがいい。勉強好きな人は、人生で勉強が大いに役立つから、勉強が好きな気質で生まれてきたんだよね。

一人さんは、全員に「勉強は意味がない」と言ってるわけじゃないんです。

ただ、私の場合は、勉強が必要なかった。そして、そのことで困ったことは一度もないから、同じような人に向けて「勉強ができなくても困らないよ」と教えてあげたいだけなの。

好きになれないこと、気が向かないものは、自分の人生に必要じゃないから魂が反応しないだけなんだ。

間違った道に進むと神様からお告げがあるよ

人は、苦労するために生まれてきたのではありません。

苦労しないほうが人生はうまくいくし、楽しまなきゃ幸せになれないんだよ。

このことは、引力よりもカタい、宇宙の大原則なんです。

あなたの人生が苦労ばかりなんだとしたら、それは、あなたが間違った道を選んでいるせいなの。

あなたに欠陥があるとか、問題があるとか、そういう話じゃないんだよね。

あなた自身はこれ以上ない完璧な存在なのに、その完璧さを活かせない、間違った道を選んだことで人生が苦しいわけです。


知っておかなきゃいけないのはね、同じ道でも、そっちに進むことで幸せになる人がいれば、不幸になる人もいるということなの。

あの人は医者の道が合ってるけど、あなたには商人の道が向いてるとかさ。

商人に向いてる人が、無理やり医者になろうとしても、これはいばらの道でしかない。相当な苦労が待っています。

で、自分にとっての正解は、一つひとつ自分で検証しながら見つけるほかありません。人に探してもらうことはできないんだよ。

そして自分の道を探すときに、大きなヒントになるのが苦労なの。

なぜかと言うと、**間違った道に進むと、必ず苦労が出てくるからです。**つらいことばかり続くとか、進めば進むほどしんどくなるわけだから、これほどわかりやすいお知らせはありません。

神様は、私たちが間違った道に進むと、必ずそれを、苦労という形で教えてくれるんです。

算数の問題でもさ、「1＋1＝3」と書けば、先生はバツにします。バツがつくから、間違えたんだなってわかるし、「1＋1＝2」と正しく書き直せばマルに変わる。

それを、バツがついてもなお修正しなければ、先生は「居残って勉強をしなさい」と言うかもしれないし、いくら勉強しても間違いに気づこうとしない人は、いずれ落第ってことになる。
こういうことを、神様もやってくれてるわけです。

神様には肉体がないから、人間のように「そこ間違ってるよ」と言葉で教えることはできません。でも、なんとかしてあなたが正解の道へ進めるように、あの手この手で導いてくれます。

それが、あなたの目には苦労という現象に見えるんだ。

自分では間違ってないと思っていても、今苦労しているんだとしたら、やっぱりその道は正しくない。どこまで進んでも幸せにはなれません。

ということに早く気づいて、方向転換しなきゃいけないんだ。自分の何が間違っているのか、考えてごらん。

嫌なことを我慢していないか、自分に愛を出していないんじゃないか……必ず、どこかに修正ポイントがあるはずだよ。

考え方の初めを変えれば「神の知恵」が出る

何をやってもうまくいかない。

そんな人は、考え方のスタートが間違っている可能性が高いんです。

あなたは今、勤めている会社を辞めたくて、転職を検討しているとします。

そのときに、「嫌な会社を早く辞めたい」という気持ちでいるのか、「もっと幸せに働ける場所を探そう」と思うかで、真逆の結果を引き寄せちゃうんだよね。

嫌な会社を早く辞めたいという、重い気持ちでスタートしたことは、結果もまた重いものになります。運よく転職できたとしても、困った現実、苦しい世界が出てくる可能性が高いの。

それに対し、たとえ嫌な職場でも愚痴《ぐち》や文句を言わず、「もっと幸せになるために」という幸せ基準でスタートしたことなら、その思い通りの幸せな未来が出てきます。

楽しく働ける職場とご縁ができたうえに、給料まで上がるとかさ。

行動の結果だけでなく、ひらめきなんかも同じです。

明るい人から出た知恵と、困った人から出た知恵とでは、雲泥《うんでい》の差があるんだよね。

楽しい人は、何をどう考えても楽しくなるようなアイディアが次々に出てきます。

困ってばかりの人は、また困るような考えが浮かぶ。意地の悪い人には、ろくでもない悪知恵しか出てきません。

この世界はそういうものだから、**仕事でもなんでも、明るく、楽しく受け止めたほうが得なんです。**

だから、困るようなことがあっても、そのままの感情でものを考えちゃいけない。

困ったときほど、「こんなに難しい問題が出るなんて、オレの人生、かなりのレベルだな（笑）」くらいに考えて、振り回されないことが大事なんです。

というか、難しい問題が出てくる人というのは、本当に魂レベルが高いの。入学試験だって、レベルの高い学校ほど難しい問題が出るだろ？　人生にも、そういうことが言えるんです。


よく「知恵を絞り出す」と言うけど、努力でいい知恵が出るわけじゃない。最高の知恵ほど、なんの前触れもなく、ポンと簡単に飛び出すんだよね。

なぜなら、それは神様がくれる「神の知恵」だから。

自分でひねり出すことは、所詮《しょせん》、人間が思いつく程度のものです。

だけど神の知恵は、一見「大したことない」ように思えても、やってみたら抜群に結果が出る。実にうまくいくし、笑いながら大成功します。

考え方のスタートが変われば、誰にでも、そんな神の知恵が降りてくるんだ。

人間だけが波動を自在に変えられるんだ

人間は「万物の霊長」と言われるように、ほかの生物に比べて、高い能力を持ちます。脳の機能をはじめ、豊かな感情、思考の深さなど、神様がたくさんの力をつけてくれているよね。

なかでも、「人間だけが自在に波動を変えられる」ことは、自分の幸せを大きく左右する重要な能力でありながら、あまり知られていません。

学校でも、波動の話なんて教えてもらえないでしょ？　これは、本当にもったいないことだと思います。

この世界に、波動を持たないものはありません。

どんな生物にも、モノにも、そして現象にも、それぞれ波動があります。

でね、普通は「猫には猫の波動」「バッタにはバッタの波動」「木には木の波動」

といった決まった波動が宿ります。多少の個体差はあっても、おおむね一定の波動で、大きく変わることはない。

それに対し、人間だけは波動を自分で変えられるんだよ。

波動が変われば、出てくる現実も違ってきます。

人生は波動で、すべては自分が出す波動によって作られる。幸せ波動を出せばいくらでも幸せになるし、その逆もまた然り。

多くの人は、幸せは努力で手に入れるものだと教えられ、そういうものだと思い込んでいるんだけど、本当はそうじゃない。

努力なんかしなくても波動を変えるだけで、幸せはいとも簡単に手に入るんだよ。

しかも、変えられるのは自分の人生だけじゃない。自分の周りにいる人も、その影響を受けて変わってきます。

家族のなかで、お母さんが笑い出したら、その波動が家族にも伝播する。たった一人の明るい波動が、家族の人生ごと、まるっと幸せに変えてしまう力があるんだ。

悩みが尽きない、苦しみから逃れられないのは、自分がそういう波動を出しているからです。悩みの波動、苦しい波動で生きているのが原因なの。

ここを変えないと、何をどうがんばっても人生は変わりません。

でもね、波動さえ明るく、楽しいほうに持っていっちゃえば、人生がつらいなんてことはなくなるんです。不幸な波動の人が幸せになれないのと同じで、幸せ波動の人は、幸せにしかなれないからね。

いい波動になれば、悩みとも、苦しみとも無縁の世界で生きられるよ。

大人の変な固定観念が子どもの可能性をつぶす

みんな、そのままで完璧です。

生まれや育ち、見た目、自分では変えたいと思うものがあるかもしれないけど、あなたという人間はそのままで素敵だし、何かを変える必要はありません。勉強ができてもできなくても、どんな仕事をしていても、そのままでいい。そのままだからいいんだよね。

食べ物でもさ、お米のような主食もあれば、肉や魚、果物、野菜……いろいろあります。豚肉に「リンゴになれ」と言っても、絶対に無理でしょ？

豚肉には豚肉の、リンゴにはリンゴだけの美味しさ、栄養があります。どちらも、欠かすことのできない魅力が詰まっているんだよね。

豚肉は豚肉のままで完璧だし、リンゴはリンゴのままで最高の存在です。

それを、豚肉に「リンゴになれ」とか、リンゴに「豚肉になれ」とか言っちゃうと、言われたほうは、そのままの自分には価値がないのかと悩み始めるんだよ。自分には欠陥があるのかなって。

これが不幸の原因だってこと、わかるかい？

大人は、子どもに勉強しなさいと言います。勉強ができないと、大人になってから困ると思ってるの。

だけど、勉強ができる子も、できない子も、そのままで完璧です。勉強の苦手な子も、社会に出て困ることはありません。

その子の人生には勉強がいらないから、関心が持てないの。一人さんがそうだったようにね。

たとえば、高校や大学には行かないで、大工さんになりたい子がいるとする。で、親は「大工さんだって、読み書きや計算は必要だから勉強しなさい」と言うんだけど、その子が大工さんに興味があって、その道で生きていきたいと本気で思ってたら、必要な勉強は放っておいても自分からやるんです。

学校で強制的に勉強させられることは嫌でも、自分の好きなことのためなら、人は積極的に、そして楽しく学べるものだから。

学校が嫌いで行きたがらない子も、勉強が苦手で赤点ばかりの子も、みんなそのままでいいんだ。

社会で困るのは、勉強ができないからではありません。

自分が何を好きか知り、その道を堂々と進んでいける子は、学校の成績なんて関係なく幸せになります。出世だってするんだよ。

それを、勉強が苦手なのに「大人になって困る」とか言って大人が勉強を強要し、好きなことを自由にさせないから、社会に出てやっていけなくなるんです。

勉強ができないのがいけないのではなく、**大人のへんてこりんな固定観念が、子どもの可能性をつぶしちゃってるの。**

高校や大学に無理に行かせるよりも、「おまえは学校向きじゃないけど、早く社会に出た分、人より成功するよ」とか言って、肯定的な言葉で見守ることだよ。

そう言われながら育った子は、自分の好きなことに夢中になって、立派に一人前になるからね。

人を真似しても自分らしさが出るのが人間

ちょっとした所作でも、仕事のやり方でも、素敵だな、かっこいいなって人がいたら、どんどん真似をすればいいんです。

真似をすると相手に嫌がられると思うかもしれないけど、過剰に気にすることはありません。そりゃあね、髪型や洋服を上から下まで毎日同じにするとか、極端なことをすれば相手は不快感を覚えて当然です。こういうのは論外だよ。

でもね、ちょっとした気配りとか、表情、声がけ、仕事の進め方、いいアイディアなんかは、せっかくすばらしいお手本があるんだから、真似しないほうがもったいない。

相手の感情が気になるときは、事前に「そのアイディアすごくいいですね！　真似させてもらっていいですか？」って聞けばいいんだよ。

たいがいは、「どうぞ、どうぞ」ってなるの。

そもそも、人の真似をしても、そっくりその人と同じようにはできないからね。真似したつもりでも、相手はそのことに気づかないことも多い。

神様は、一人ひとりに「違い」を入れています。この世に同じ人は絶対にいないし、人間はみんな個性の塊です。

だから、何をしても「自分らしさ」を消すことはできません。

同じヘアスタイルや洋服でも、もともとの骨格や顔立ち、にじみ出るオーラが違うわけだから、雰囲気は全然違います。端々《はしばし》に自分らしさがにじんで、そこには必ずオリジナリティが出る。

だから、真似をしても同じにはならないんだ。

その意味では、「真似をすると個性が失われる」というのも正しくない。

人と同じことをしても、個性は隠せません。むしろ、**人と同じことをしているときほど、個性が光って強調されることもあるんじゃないかな。**

そう思って、人のいいところは真似して取り入れたらいい。

自分の個性に、ほかの人の素敵なエッセンスをいっぱいくっつけていくと、あなたの個性はますます引き立つし、輝きだって増すんだ。


ただし、いいアイディアで大成功している人がいても、あなたが同じことをしてうまくいくかどうかは別の話です。

うまくいった人の真似で全員が同じように成功するんだとしたら、この世の中に、成功しない人がいるわけがないんだよね。

人はそれぞれに、自分だけの生き方があります。

人の真似だけではやっぱりうまくいかないのだから、自分は自分として、魂を磨き続けることを忘れちゃいけないよ。

不安や恐れがあって当たり前なんだ

人間は、不安や恐れがつきまとうのが当たり前なんだよね。それらをなくそうとしても、絶対に無理です。

もし人間に不安や恐れがなかったら、興味本位で高い所から飛び降りたり、安全かどうかわからないものを食べたり……みたいな無謀な行動で、たちまち命を落としてしまうの。

実際、幼い子どもは不安感や恐怖心が未熟だから、興味に引っ張られて危ないことをしがちです。その分、周りの大人がしっかり見てなきゃいけないよな。

事故やなんかで、「親が身を挺《てい》して子どもを救った」という話を聞くことがあるけど、あれはまさに火事場のバカ力のなせる技です。不安や恐れがなかったら、子どもの身に危険が迫ったとしても、とっさに体は動きません。

自分の意思とは関係なく、不安や恐れが本能的に体を突き動かしてくれるから、私たちは、そう簡単には命を落とさずに済んでいるわけだよ。

それがなくなってしまうと、自分や、大切な人の命を守れなくなっちゃうんです。

肉体を持ってこの世で生きている限り、私たちは不安や恐れから逃れることはできません。それができるのは、あの世に行ったときだけなの。

人が死ぬと、「涅槃《ねはん》に入る」といって、大安心の境地に至ります。あの世では肉体を持たないので、なんの危険もないからね。

だけど、この世でまだまだ生きていく私たちには、不安や恐れが絶対に必要です。

ということがわかると、実は、かえって不安や恐れから解放されるの。

自分だけが心細いのではなく、人はみんな、不安や恐れとともに生きている。不安や恐れがあって当たり前だし、ないと困るもの。

そう納得したときに、心はゆるんで安心感が生まれるわけです。

不安や恐れで苦しいのは、それを敵視しすぎなんだよね。不安や恐れを否定するから、心が戦闘モードになって負担がかかる。疲れて苦しいわけです。

なくならないものを消そうとするのは、自然の摂理に反します。流れに逆らうわけだから、しんどくなって当たり前なの。

嫌だと思えば思うほど、苦しみは深くなる。

でも、不思議なもので、人は「そういうものだ」と納得すれば、たったそれだけで気が楽になるんだ。

あとね、会社の上司が威圧的で恐いときやなんかは、「いつもいばってるけど、あれは不安や恐れの表れだな」と思えばいい。

いばる人って、本当は弱いの。弱いからこそ、なめられないように自分を強く見せようっていう心理が働いて、いばりん坊になっちゃうんだよ。

上司のほうが、自分よりよっぽど恐れているとわかれば、いばってる人に怯《おび》えなくていいんだなって思えるんじゃないかな。

不安や恐れがあるのは、この世で生きていることの証。

捉え方を変えたら、今までとは違った感覚で向き合えるものですよ。

「嫌な人にはかかわらない」が正解だよ

嫌な相手なのに、かばう人がいるんです。「あの人は意地悪に見えるけど、根はいい人なのよ」とかって。

これね、一見、どんな相手にも優しい人に見えるんだけど、一人さんはそうじゃないと思います。

嫌なやつに優しくするのは、相手をつけ上がらせるだけなの。ますます威圧的になり、いいように利用されるだけなんだよ。

ときどき、「あの人は優しいのに、なぜか不幸なんです」ってケースがあるんだけど、そういう人は、嫌なやつをかばってるとか、間違った優しさを出してるんだろうね。

かといって、寄ってたかって嫌なやつの悪口を言えばいいわけじゃないよ。悪口は、人に向けて言っているようで、実はそっくりそのまま自分に返ってくるものだからね。

地獄言葉（聞いた人が不快になる言葉）を口に出せば、自分が地獄波動になっちゃうんです。その先に待っているのは、やっぱり地獄です。

じゃあ、何が正解なんですかって言うと、**嫌なやつは相手にしないこと。**かばうことも、攻撃することもしない。

そういう人とはかかわらないで、いい人ばかりの世界で生きるのが正解です。これが、自分を大切にするってことなんだよね。

みかんを絞ったら、みかんジュースができます。みかんを絞ったのに、お茶が出てくることはありえません。

それと同じで、いい人から意地悪な言動が出てくることはない。本当に優しい人は、どんな状況になっても意地悪なんてしないんだよ。

もちろん、人間だから、うっかりミスとか、意図せず人に迷惑をかけることはあるだろう。けど、いい人はそういうときすぐに謝るはずだし、意地の悪さは感じないものです。何より、日ごろの態度が誠実だから憎めない。

それを、わざと人の嫌がることをするとかって、その時点で、根っからの意地悪なんです。意地が悪いから、嫌な言動が出てくるのであって、それが本性だよ。

こういう人を、かばっちゃダメなんです。

嫌なやつを変にかばってしまうと、自分が損するのはもちろんだけど、相手のためにもよくありません。

嫌なやつはね、「意地悪をするとどうなるか」ということを、身をもって実験してるところなの。いろんな意地悪をしてみて、結果、どんな現実が出てくるか調べているんです。

これも、人生における貴重な体験と学びであり、自ら不利益を被ることで「こういう生き方はマズいぞ」ってわかることが大事なんだ。で、わかればもう意地悪をしなくなって、その人も幸せの道を歩き始めます。

嫌なやつをかばうのは、その機会を摘み、幸せになるチャンスを奪うのと同じことだから、相手のためにもかばっちゃダメなんです。**それも、愛なんだ。**

一人さんは200歳まで生きるからね(笑)

私は、すごくわかりやすい生き方をしているんです。

些細なことから、大きな決断まで、「楽しいほう」「オトクな道」を選ぶだけ。終始、これが基準です。

それこそ、日々の食事一つにしても、「自分の好き」を妥協しません。その日、そのときに食べたいものだけを食べるの。

つまり、一人さんの人生には、「本当は嫌だけど辛抱しよう」みたいなことが、いっさいないわけだ。

あとね、一人さんは「オレは200歳まで生きるんだ」と思い込んでいるの。冗談だと思うかもしれないけど、私は本気なんです。

もちろん、本当にそれができるかどうかわかりません。普通に考えたら、それができる可能性は限りなく低いと思うけど、これからの未来を考えたら0％とも言い切れないわけだ。

それなら、楽しいほう、おもしろいほうを選んだほうがオトクだよな、と私は思うの。

だって、200歳まで時間があるって考えたら、年齢のせいにしてあきらめることがないじゃない。時間はたっぷりあるわけで、「あれもできる」「これもできる」ってワクワクするんだよね。人生に焦ることもない。

年を取ると、多くの人は「どうせあと何年も生きられないし」とかって、いろんなことが億劫《おっくう》になりやすい。欲を失っちゃうの。

けど、一人さんの場合は「まだ100年以上も時間がある」と思うから、ますます元気なんです。今日生まれたばかりの赤ちゃんよりも、自分は長生きだ。そんな心づもりでいるからね（笑）。

毎日、死へのカウントダウンをしながら過ごす人に比べて、私の未来はこんなにも明るいの。生きることが、ますます楽しくってしょうがないんです。


底抜けに明るい波動があれば、人生で恐いものはありません。


自分が太陽だから、夜道に迷い込もうが、大きな落とし穴があろうが、少しも慌てないの。太陽である自分がそこにいるだけで、どんな道も明るく照らせるからね。

明るくて見通しがよければ、落とし穴を見落とすことはまずないし、遠くにある障害物だって早くから見つけられます。人生の壁にぶつかったり、穴に落っこちたりすることなく、楽しく進めるの。

だから不安もない。

生きることがしんどいのは、今立ってる場所が暗闇だからなんだよ。

自分を楽しませることをせず、苦労や辛抱ばかり強いるから、太陽になれなくて暗闇を歩くことになる。

暗いところは手探りで歩かなきゃいけないわけだから、恐いのは当たり前なの。何も見えなきゃ、足を一歩出すだけでも不安だよな。

それに、いくら気をつけても、闇のなかでは頭をぶつけたり、足を取られて転んだり、溝に落っこちたり……傷ばかりが増えていく。つらくて当たり前なんです。

それが嫌だったら、今ここであなたが太陽になるしかないんだよ。

お金のコラム❷

お金にも意思があるんです

一人さんは、お金を神様の愛だと思っている、と言いました。

実際、私は本気でお金を大事にしているんだよね。

このことをもうちょっとわかりやすく言うと、お金には、私たちと同じように「意思」というものがあるという前提なの。

あなたがどう思うかは自由だけど、**一人さんは、お金にも、人間と同じように意思があると信じているんです。**

そんな感覚があるとね、お金の悪口や文句なんて絶対に言えない。

自分がお金に生まれたと仮定するじゃない。で、流れ流れて誰かのところに行ったところ、その人が「カネは汚いものだ」とかって自分の悪口を言うわけだよ。ハッキリ言って、そんな人のところにはわずかな時間でもいたくない。私だったら、即、逃げ出すだろう（笑）。

また、悪口は言わないにしても、乱暴に扱われると「なんだかなぁ」ってガッカリする。お財布にグシャっと突っ込まれる、その辺に放置された挙げ句、存在を忘れられてゴミと一緒に処分される……なんてことがあると、悲しくて嫌になっちゃうよな。

その反対に、「私のところに来てくれてうれしいよ」「大事にするからね」って、丁寧に扱ってもらったり、楽しいことに使ってもらったりすれば、次もまたこの人のところに来たいと思います。

そのときは、いっぱい友達（お金）も連れてさ。

本当にお金に意思があるかどうかは、一人さんにもわかりません。こういうのは証明のしようがないわけだから、自分がどう思うかってことしか言えないの。

でもね、証明できないことって、信じたほうがオトクなんだよ。

もしお金に意思がなかったとしても、お金を大事にしたことで、何か自分が損をするわけじゃないでしょ？　悪口を言わないとか、お札をきれいに揃えて財布にしまう程度のことで、たいした手間もかからないわけだから。

だけど、お金に意思があった場合、お金を大事にしてない人は本当にマズいことになる。大損しちゃうんだよね。

そんなこともあって、私は迷わず、お金には意思があると信じます。

というか、そう思ったほうが楽しいじゃない。**楽しいだけでも、すでにオトクなんです。**


ちなみに、間違いやすいのは、「私はお金が好きで大事にしてます」と言ってる人でも、なぜか貯金がほとんどないケースがあるんです。

そういう人はどうなってるかというと、収入の大半を、車やバッグみたいな、好きなことに使っちゃってるの。

自分のお金なんだから、もちろん好きに使っていいんだよ。

ただ、それだと、**お金より車やバッグのほうが好きなんだなって話なの。**お金のほうが好きなら、必ず手元に残ってるはずなんです。

好きなものは、自分のそばに少しでもたくさん置いておきたいものだからね。

そんなことも踏まえたうえで、お金と上手に付き合えたら、人生でお金に困ることはなくなると思いますよ。

ひとり

第3章

このひと押しで幸せ度は劇的に高まるよ

人は学びを深めて神へ近づく

人間とは、学びを深めたい生き物なんです。それも、どこかのゴールを目指すのではなく、無限に学びを求めるんだよね。

なぜかと言うと、**人は、親である神様に近づきたいからです。**

ただ、いくら学びを深めても、人間が神様と同じ「完全無欠」「万能」のステージに立つことはできません。

もし人間が神様に並ぶことができたとしても、そのときは、もはや人間の存在する意味がないんだよね。私たちがこの世に生まれるのは、魂を磨いて向上するためで、その伸びしろがなくなってしまったら、もうここに生まれる必要がないでしょ?

それでも、魂は少しでも神様に近づきたい。学びを深めたい。魅力をつけて、神の道を行きたいんだよね。

あなたの魂は学ぶことを求めているし、学べることに大きな喜びを感じます。

そして実際、人間には星の数ほど学びがある。

それを一つずつ、宝箱を開けるみたく集めるわけです。生まれ変わるたびに、いろんな気づきを得るようになっている。

学びのなかには、妬《ねた》みや憎しみといった、苦しいこともたくさんあります。

でも、その本質に気づくたびに、魂は成長するんだよ。

階段を一段ずつ上がっていく。


魂の階段は、一段抜かしができません。早く学ぶことで階段を駆け上がることは可能だけど、学ばないまま上は目指せないんだよね。

今、あなたの立っているステージで学ぶべきことが「愛」なら、愛がどういうものかわからないまま、次の階段に挑戦することはできません。どの階段も、必ず自分で学び取らなきゃいけないの。

それだったら、いつまでも同じ階段で止まっていないで、早く学んじゃったほうがいいよね。学べば次の段に進み、もう同じことで苦しむことはないのだから。

どの階段も、あなたに困った状況をもたらすものではありません。

苦しいとか、困ったと悩むのは、人間であるあなたの脳がそうさせているだけで、魂の目で見たら、今のあなたなら乗り越えられることばかりです。

今のあなたがクリアできないことは、絶対に出てきません。

一段ずつ上に行くわけだから、今の自分には「ちょっと難しい問題」であることは事実ですが、少しがんばれば必ず乗り越えられます。

だから、出てきた問題を恐れることはないよ。

ツイてると思うからツイてる人になる

この世界は、実はとても単純な仕組みです。

生きづらいと感じるのは、世の中が複雑だからではなく、あなた自身で難しくしているだけなんだよ。
そんなつもりはありませんって思うかもしれないけど、ちょっと考えたらすぐにわかるんです。

愚痴や不平不満をこぼしてないかい？
自分否定をしてないかい？
あなたは、唯一無二の完璧な存在だってこと知ってるかい？

生きづらさを抱えている人って、必ず、波動が重くなっているんです。どうせ自分なんて、みたいな暗い思いがどこかにあるんだな。

自分なら大丈夫。
私ほどツイてる人間はいないんだから、絶対うまくいく。
何が起きてもそう思える人は、本当に強いよ。たとえ不運の海に放り出されたとしても、最強に明るい波動で荒波を越えていく。
というか、明るい波動の人には、そもそも荒れ狂う海すら出てきやしないの。

もし、あなたが泣けるほどツイてないんだとしたら、それは、あなたが心のなか、頭のなかで、「ツイてない、ツイてない」ってつぶやいているからです。

その波動が、次もまたツイてない現実を呼んじゃうんだよね。

ツイてる人間になりたいんだったら、ここが戦場だとしても、「ツイてる」と言い続けなきゃいけません。生きてるだけでツイてるぞって。

勝負強い人はね、意識的でも無意識でもいいんだけど、とにかく「自分はツイてる人間だ」「戦禍《せんか》でもオレだけは生き延びるぞ」と思ってるんだよ。

人は、ツイてると思うから、ツイてる人になります。

ツイてると言い続け、ツイてる波動になっちゃえば、人生なんていくらでも動かせるの。

波動は、天与の力。

人間の実力なんかより、はるかに上なんです。

実力は人間が出せる程度の力ですが、波動は神様がつけてくれたもので、これ以上に強いエネルギーはありません。

波動は最強で、それに逆らうことは絶対にできないんだ。


その意味では、「私のほうがあの人より実力があるのに、なぜ負けるの？」と思うのは、一人さん的にはおかしい。

実力では敵わないはずの人が勝っちゃうのは、天の後押しがあるからです。その人が最高にいい波動、ツイてる波動だから、猛烈にツイてるんだよね。

素人が、世界チャンピオンのプロボクサーと闘って勝てるはずがないのと同じで、人間が神様と競って勝つことは絶対にない。

それなのに、神様に対して「私のほうが実力がある」とか言ってる。「オレのほうがボクシングに詳しいのに」って、世界チャンピオンにイチャモンつけるようなものだよ（笑）。

100%自分の責任。そう思ったときに道は拓ける

これは一例なんだけど、とんでもなく男運の悪い女性がいるとします。付き合う人、結婚する相手、寄ってくる男が、なぜかみんなろくでもない。最初は寛容ないい人に見えるのに、そのうちに異常なまでの束縛をしてくるとかさ。

これね、大前提として、相手の男に問題があるのは言うまでもない。束縛される女性が悪いわけじゃないんです。

ここは勘違いしないでもらいたいの。

そのうえで言うのですが、あえて「100%自分の責任」だと考えてみます。相手が束縛したくなるような要素が、自分にあるんじゃないか。そんな仮説を立ててみるんだよね。

なぜそんなことをするのかというと、**こう考えることで見えるものがあるからです。**

たとえば、最初は優しくて、人を言いなりにしたがるタイプに見えなかったのに、あるとき軽く束縛を感じさせる言動があった。でも、「気のせいか」と受け流し、相手の言うことを聞いてしまったなぁ、とか。

その後、束縛がキツくなってきても、「私を大切にしてくれている証だ」「自分が我慢すればいい」と、ここでも束縛をゆるしてしまった、とか。

100%自分の責任。そう思ってみないと、こういうことになかなか気づけないの。

それで気づいたことがあれば、対処すればいいんです。

つまり、相手にハッキリ「束縛はやめて」と伝えるとか、「次に束縛してきたら絶対ゆるさない」みたいな強い気持ちを持つ。

言いなり波動から、自立した強い波動に変えるわけです。

ここで相手が改善した場合は、自分が今のステージで学ぶべきは、そのことだったということになります。その解答でマルなの。

そして、相手が変わらない場合は、勇気を持って別れる。別れることが、今の自分に必要な学びなんだね。


よく、ドラマやなんかで、ダメな交際相手を「私が変えてみせる」なんて言うじゃない。気持ちはわからなくもないけど、残念ながら、人を変えることはできません。

この世界で変えられるのは、自分だけです。

相手が変わるには、本人が自分で気づくしかないんだよ。

だから、自分を守る意味でも、相手の学びをお手伝いするためにも、そこに立ち止まっていてはダメなの。

毅然たる態度によって、相手は「束縛すると嫌われる、逃げられる」ということを、身をもって体験できるんだよね。学びにつながる。わかるかい？

それなのに、「あの人は、私がいなきゃダメなの」とかっていつまでもそばにいるからおかしなことになる。苦しみがどんどん大きくなるんだよね。

100%自分の責任。

行き詰まったら、一度、その前提に立ってごらん。大事なものが見えてきて、道は拓けるよ。

うまくいかないのは頭がよすぎるせいだね

多くの人は、失敗を恐れます。

自分はツイてる。そう思いたくても、うまくいかなかったときの自分ばかり頭に浮かんできちゃうんだよね。

一人さんから見ると、それって頭がよすぎるの。

子どもの頃から、親や学校の先生に叱られたこと、否定されたこと、失敗して恥をかいたこと……そんなのを、全部覚えているせいなんです。記憶力がよく、過去の体験を脳内でリアルに再生する能力が高いからこそ、挑戦を恐れてしまう。挑戦しなければ、失敗することもありません。だから、反射的に「また失敗するかもしれないから、やめておこう」となっちゃうんだ。

でもね、**私たちはこの地球に、「行動」するために生まれてきました。**恐れてばかりで行動しないと、魂が苦しくなっちゃうんです。魂は失敗を恐れないし、むしろ失敗から学びたい。なのに、肉体の自分にその声が届かなくて、すごくもどかしいの。

世間では、「よく考えてから行動しなさい」と言われますが、ハッキリ言って、よく考えても、自分が予想した通りになることなんてほとんどない。行動の結果は、動いて初めてわかります。考えただけで未来がわかるんだったら、誰も苦労しないよな（笑）。

もちろん、行動する前に考えることは大事です。

ある程度の道筋をつけるとか、想定されるリスクに対する準備も必要なの。一人さんは、なんの考えもなしに飛び込めと言っているわけじゃない。

ただ、必要以上に考えてると、それだけで人生が終わっちゃうよねって（笑）。

だから、とにかく行動して、行動しながら考えな。スタート時点では、少しぐらい不備があってもいいんだよ。

自分はツイてるから大丈夫だ。

そう信じて行動すれば、動きながらいい知恵が出てくるから、不備があってもうまく解決するものだよ。

第一、この世界に失敗なんて一つもありません。

失敗に見えることも、「こういうやり方はダメなんだな」とわかるための大事な現象であり、それは「小さな成功」の一つです。

失敗のおかげで勉強になった。

今のうちに失敗してよかったな。

いいことがわかってツイてるぞ。

失敗したときは、そう思えばいいんだ。


行動すれば、失敗することもあります。というか、実際のところ、100回のうち、成功は一つか二つあればいいぐらいだろうね。

だけど、大きな成功の陰には、たくさんの失敗がある。失敗を積み重ねることで、やがて大きな成功を手にするんだよ。

失敗があるから、新たな知恵も湧くし、経験を活かした行動につながります。

成功は、失敗があってこそ得られるもの。失敗を恐れてなにもしないでいては、成功することもできないんだ。

自分への愛が人生の大黒柱となる

成功は、「楽しい」から生まれます。成功したいと思ったら、まず人生を楽しまないとダメなんだよね。

楽しくて、楽しくて、しょうがない。そういう人が成功します。なぜかと言うと、苦しんでいる人からは、苦しいアイディアしか生まれないから。苦しいアイディアがいくら出てきても、苦しい現実しかもたらさないんだよ。わかるかい？

人生を楽しむには、自己重要感があればいい。

「自分は大事な存在だ」

という柱を、自分のなかに作るんだよね。

厳密に言えば、作るというより、思い出せばいいだけなの。

自己重要感というのは、人間がいちばん求めているものなんです。みんなも感覚としてわかると思うんだけど、誰かにいじめられたり、馬鹿にされたりするのってすごく嫌でしょ？　アゴで使われる、いいように利用される。そんなことがあれば誰だって不快になるだろう。

それって、自分が否定されたと感じるからなんだよ。「あなたは大切な存在ではない」と言われているのと同じだから、苦しくなるの。

相手がこちらを大切に思っていれば、嫌なことをするはずがありません。大事な人には敬意を持ち、優しくしたいと思うものだから、嫌なことをする時点でこちらを軽んじていることがわかる。だから不快なんです。


この世の命あるものはすべて、神様の分け御霊《みたま》です。

神様と同じように完璧で、誰もがこの世界に欠かせない存在だよね。

なのに否定されると、自分の魂がとんでもなく違和感を覚えるわけです。本当の姿にそぐわない扱いは、すごく居心地が悪い。

これが、不快感の正体です。


魂にとって、否定されることは何より苦しい。

なかでも、自分自身に否定される、ダメ出しされることを、魂はいちばん嫌がります。魂は、誰よりも、自分自身にまず大切に思ってもらいたいんだよね。自分のことすら大事にできない人は、周りからも軽く見られ、大切に扱われるわけがない。この世の誰ひとりとして、肯定してくれる人がいなくなっちゃうじゃない。

自分自身が、誰よりも自分を愛し、優しくするのは当たり前なの。そのために、**「自分は神様と同じ価値がある」「そのままで完璧な存在だ」**ということを思い出すんだよね。

自分を愛せる人は、自分のなかに頑丈な大黒柱があるのと同じです。たとえ誰かに否定されたり、馬鹿にされたりすることがあっても、大黒柱さえしっかりしていれば傷つくことはありません。「この人は、嫌なことをすれば自分がどうなるかを学んでいるところなんだな」ってわかるし、強い波動で相手の悪気を撥《は》ね返したり、相手から離れたりすることで自分を守れます。

心の強さって、自分で自分をどれだけ大事にしているかなんだよ。

そして、自分を大切にできる人は、自分に我慢も辛抱も強要しないから、自然と人生が楽しくなる。

楽しんでいる人からは、楽しい知恵しか出ないからね。こういう人が成功しないはずがないんだ。

立派を装うと生きにくくなるよ

一人さんが、一貫して「もっと遊びな」「堅苦しいことはやめようぜ」って言い続けるのは、気持ちを軽くすること、何をするにも楽しむことが、新時代を幸せに生きる秘訣だからです。

楽しいほうを選ばないと、人生はうまくいかないんだよね。

もちろん、正しいことも大事。

でも、そこに固執するあまり、自分を楽しませることを忘れちゃダメなの。

正しくて、楽しい。それがいちばんなんだよね。

ただし、あなたの思う正しさと、本当の正しさが違うこともある。本当の正しさとは、あなたが幸せになれる道を指すんです。


そのことが頭ではわかったとしても、人はやっぱり間違える。世間一般で言うところの正しいほうへ足が向いちゃうの。

なぜかというと、人の目を気にしすぎるんだよね。

楽しそうにしてると軽く見られないか、苦労もなしに成功すると嫉妬されるんじゃないか、立派な雰囲気のほうが人に尊重されるよねって。

この堅苦しさ、力みが大きいと、それが邪魔をして魂の声が聞こえなくなってしまうわけです。


人にどう思われるかを基準にすると、自分の人生なのに、他人に生き方を決められるのと同じです。自覚はなくても、人が敷いたレールの上を進むことになる。

それって、全然自分に優しくないよな。人の目を気にしながら生きて、楽しいわけがないんです。

誰だって、自由でいたいはずです。誰にも邪魔されず、自分の好きな道へ進みたい。

それが魂の願いであり、自分の本当の幸せなんだよね。

というか、**実のところ、立派に生きないほうが、かえって人から「素敵ですね」「大好きです」と言ってもらいやすいんだよ。そのことを、私は体現しています。**

普通の人は、みんなに褒《ほ》められたいと思うの。

だけど一人さんは、いつも自分で自分を褒めまくってるから、これ以上、誰かに褒められたいとは思いません。つまり、体裁《ていさい》のいい生き方なんてする必要がない。思いっ切り、魂の望み通りに生きられるわけだ。

で、それを貫いていると、ほかの人よりも褒められることが多いの。

人間は、もともと立派な存在ではありません。未熟なところだらけなんだよね。それなのに、本当の自分を隠して立派なことばかりやっても、必ずどこかで立派じゃないところが露見します。

当たり前だけど、周りは驚くわけだよ。「そんな人だったの？」って評価が落ちる。

それだけならいいんだけど、あんまりギャップが大きいと、いっきに孤立しちゃうケースもあるんだよね。

いかなるときも立派で生き続けなきゃ、世間がゆるしてくれなくなる。

こんなつらいことってないよな。

立派に生きること自体、大変です。

でも、本当は立派でないことがバレちゃったときは、もっと大変なの。

と思うと、最初から自分らしく生きるのがいちばんだし、そういう人のほうが、周りだって親しみを感じるものです。

その点、一人さんはスゴい。ふとどき不埒《ふらち》な自分を隠さないどころか、女性が大好き、エッチな本も普通に買いますよって公言するぐらいだからね（笑）。

そして、そんな私だから、これだけ世間様に名前を知られても息苦しさを感じたことがないし、「一人さんみたいになりたい」なんて、あこがれてくれる人もたくさんいるんだ。

世の中は白か黒かで決められない

世の中を見ていると、「白か黒か」「善か悪か」みたいな二択で論じられる場面がよくあるんだけど、一人さんに言わせると、この世界は二択で片付けられるほど単純なものではないんだよね。

数学の世界だったら、「1＋1＝2」というように答えが決まっていて、正解か不正解の二択で分けることができます。でも、この世界で起きる出来事は、簡単に白黒つけられないことのほうが多いの。

人間には、複雑な感情というものがあります。「倫理的には正しくても釈然としない」ことはたくさんあるし、「悪いことでも目をつぶりたい」場面だってある。起きることにはいろんなタイミングや状況があり、そこに人情まで絡んでくると、善悪がひっくり返ることも珍しくないんだよ。

世の中は、白か黒かではなく、グレーの部分がいちばん多いことをわかってないと、生きることがすごく窮屈になっちゃうんです。

で、その窮屈さから解放してくれるのが、明るくて楽しい、肯定的な考え方なの。否定的な考えから出発すると、どうしても否定の二者択一になっちゃうんだよね。

これはたとえ話だから、あまり真面目に受け止めないでもらいたいんだけど。小説や映画なんかで、不倫の末に心中するストーリーってあるじゃない。あれって、疑問しかないんです。

妻（夫）がいて、そのうえ彼女（彼氏）までいるわけだから、私に言わせると、こんなにツイてる話はない(笑)。あっちにも、こっちにも、好きな人がいる。楽しい時間が、人の何倍もあるじゃない。

それこそ、一人さんみたく「200歳まで生きなきゃ損だ」くらい思いそうなものなのに、よりによってなぜ死を選ぶんですかって。

人を愛し、愛されながら、死にたいと思うのが不思議でならないんだ。

ようは、不倫は全部ダメっていう否定の考えだから、「別れる」「別れられない場合は一緒に死ぬ」という、否定的な二択になっちゃうわけだよ。

もっと言うと、最初の段階から「不倫はダメだけど、欲望に勝てない」みたいなスタートだったんだね。だから行き詰まってしまった。

そうじゃなくて、もとから一人さんみたく「彼女40人説」のスタイルを貫いていれば、1人や2人、彼女が増えたってなんの問題も起きない(笑)。彼女40人説とはなんですかって言うと、私は恋人が40人いますよっていう話なんだけどさ(もちろん冗談ですよ)。

念のために言っておきますが、一人さんは不倫を推奨するわけではありません。

ただし、不倫は悪いものだとも決めつけない。

私は、いつだって明るくて楽しいほう、肯定的な視点で考えてるだけなんだ。

で、こういう明るい考えでいれば、どんな状況になったとしても、自分も相手も、みんながハッピーでいられる方法が出てくるものですよ。

子育ての魔法の言葉「おまえなら大丈夫」

不安や恐れは、自分の命を守るための大事な機能です。ただ、あまりにもそれが過剰になると、人生に悪い影響を及ぼしてしまいます。

そうならないためには、遊べばいいいんだよね。

自分のために、とことん人生を楽しまなきゃいけない。

よく、子どものことが心配だという親御さんがいるんだけど、間違いなく、その親御さんは遊びが足りません。

　自分を楽しませることをせず、子どものことばかり考えるから、過剰に心配することになるんです。


子どもにとっても、それってすごく迷惑なの。

親が子どもに集中しすぎると、「それはダメ」「こうしなさい」って口うるさくなります。

本来、家庭は親の愛を感じるところ、安心して過ごせる場であるはず。なのにお小言ばかりでは、子どもは息苦しくなるよね。

家でも外でも、緊張感や不快感から逃れられなくなってしまいます。

そんな状態が続けば、子どもは壊れちゃうよ。

親は子どものためだと思っていても、かえってそれが子どもを苦しめることになるんだ。

親が子どもを心配するのは、当たり前です。

でも実は、**「あなたが心配だから」という言葉って、「あなたを信じられない」という言葉と同義語なんです。**

親に信じてもらえないまま育った子は、自己肯定感の低い大人になって、苦労が続くことになる。

心配だからと、あれこれ手や口を出すのは、子どもの自立心や成長を奪い、心を壊すだけなんだよね。

そもそも、子どもって見た目以上に強いよ。親が心配しなきゃいけないほど弱くないの。

それどころか、魂的には、親よりはるかに上だろう。生成発展し続ける宇宙の法則で言えば、後から生まれた魂ほどレベルは上だからね。

子どもは、大人が思う以上になんでもうまくやります。

たとえ失敗しても、そのことでちゃんと学ぶようになっているの。必要だから、失敗もするんだよ。信じてあげな。

「おまえなら大丈夫だ」

そう声をかけることが、子どもの心を強くする。自立心だって育ちますよ。

望んだ未来は前払いで手に入れな

いいことがあったら幸せ。何かしてもらったらお返しをする。

そんなスタンスでいる人が多いんだけど、一人さんの場合は、いいことがあろうがなかろうが、いつでも幸せなんだよね。

みんなにも自分と同じぐらい幸せであって欲しいから、私ができることはなんでもしてあげたいし、それに対する見返りなんて求めようとも思わない。

実は、欲しい現実というのは、こんなふうに「前払い」すれば、簡単にもたらされるんです。

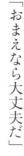

保険でもさ、何かある前に保険料を払うじゃない。病気になったとき、ケガをしたとき、火災が起きたときやなんかのために、まだ何も起きていないときからお金を積んでおく。

これと似ているんだけど、「こんな人生がいいな」と思うイメージがあるのなら、それをじっと待ってるだけじゃダメなんです。

保険で言うところの保険料――つまり、自分から動くことが重要なの。

いいことが起きていなくても、まず「ツイてるなぁ」「幸せ」と言う。ありがたいと感謝する。

そうすれば、ツイてる波動、幸せ波動、感謝波動になるから、必ずその波動にふさわしい人生になってくるわけだ。

人に対しても、何かしてもらったら「ありがとう」を伝えたり、お返しをしたりするのは当たり前なんです。

当たり前以上の人生にしたいんだったら、先にこちらが動かなきゃいけない。ようは、自分から人にトクさせるわけです。

相手が何かしてくれる前から、いい話を教えてあげたり、褒めていい気分にしてあげたりしてさ。困ってたら、見返りなんか求めず助けてあげな。

難しいことなんて考えなくていい。笑顔で接するとか、感じよく挨拶するとか、ふだんはそんな程度で充分なの。いいことがあった相手には、「よかったね！」「さすが！」とかって、盛り上げて一緒に喜んであげたらいいんです。

そうすると、相手はものすごく喜ぶ。些細なことが、すごくうれしいんだよ。

結果、自分がしたこと以上のものが返ってくることも珍しくないんです。

こちらは笑顔で挨拶しているだけなのに、欲しかったものやいい情報がもらえたり、お客さんを紹介してくれたり。

たとえ、相手から直接的には返ってこなくても、天の神様は、あなたの行動をずっと見ています。だから、別のところから必ずギフトが届くんです。

一人さんは、当たり前のようにこういうことをやっているわけです。

ところが、大半の人は、もらったらお返しをするの。何かをもらえるまで、自分からは動かない。それでいて、「私はツイてない」とかって愚痴をこぼすんだよな。言っちゃ悪いけど、それって、保険料を払ってもいないのに、保険金が入るのを待ってるのと同じだよ（笑）。当たり前だけど、払ってないものは受け取れません。

あと、健康を損ねたり、家屋の損害が出たりした後で保険に入ろうと思っても無理なように、何かが起きてから慌てて人に優しくしてもダメなんです。

神様は、日ごろのあなたをじっと見ています。

ということをよく覚えておいて、**なんでも先払いすることだよ。**

日本に生まれただけで恵まれているんだ

いつも言うんだけど、一人さんが納税日本一になるほど成功したのは、決して頭がいいからではありません。

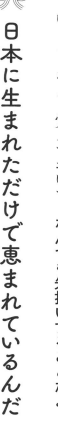

では、人の何倍も働き者かというと、それも違う。私はまともに学校へも行かなかったぐらいだし、仕事を始めてからも、ほとんどの時間を旅行にあててきました。会社に顔を出すのなんて、年に数えるほどです(笑)。

それで日本一の納税王になったんだよね。

私は、ただ運がよかっただけなの。これは絶対なんです。

もしこの世界が実力勝負だとしたら、一人さんはここまで幸せになっていません。

成功したかったら、ツイてる人間になることが先決なんだよね。

そのためには、恐い顔で「がんばります！」とかって力んじゃダメなの。肩の力を抜いて、自分を楽しませなきゃいけません。

ツイてる人は、とにかく、人生も仕事も全力で楽しんでいる。いつも笑ってます。

そして、とことんまで「自分はツイてるぞ」って思い込んでいる。

ツイてる人とそうじゃない人の違いって、ただそれだけのことなんだよ。

私はね、この世界に自分が生まれてきたこと自体、奇跡だと思っているの。これだけ多くの国があるなかで、日本という、豊かで平和な国に生まれたこともそうだし、自分では稲も麦も育てたことがないのに、朝昼晩の食事に困ることもない。泳げなくても、新鮮で美味しい刺身を食べることもできます。

わざわざ自分で服を作らなくても、オシャレで丈夫な服が安く手に入る。住むところに困ったこともないんだよね。

そんなことを考えると、感謝しか出てこないし、これほどツイてる人間はいないと思うわけです。

普通の人は、日本に生まれたことも、衣食住に困らない生活ができることも、与えられて当たり前だと思っているかもしれません。だけど、この世界の全員が、満足に食事ができるわけじゃないんだよ。

世界の国々では、7～8億人が、食べることにも困っているそうです。

日本の人口は約1億2000万人だから、その6倍以上もの人が飢えに苦しんでいるわけだけど、私たち日本人は、この国にいる限り食べることに困らないよな。

このところ、日本は国力が落ちたとか、国民は貧しくなったとか言われますが、それでもなお、貧しい国と比べたらはるかに豊かです。

事情があって本当に困っても、日本には生活保護があります。さまざまな団体が、困っている人に食料や日用品を提供してくれたりもする。

国民皆保険制度で、誰でも高度な医療を安価に受けられるし、お金に困っている場合は、その医療費すら無料になるんです。

これって、本当にスゴいことだよ。

感謝を表す「ありがたい」という言葉は、「有り難い（有ることが難しいこと）」と書きます。

すべては、当たり前に与えられるものではない。

一人さんは、そのことを普通の人の何倍も感じているから、自分ほど幸せな人間はいないと思うのです。

あなたも、自分の置かれた環境を、よくよく見渡してごらん。

こんなに恵まれていて、ツイてないと思うことのほうが難しいんじゃないかな。

お金のコラム❸

小さいお金を可愛がると大きいお金が喜ぶよ

お金を大事にするって、貯金だけを指すわけじゃないんです。1円でも、10円でも、軽く見ないで大切に扱うことも大事なの。

なぜかと言うと、1円の親は10円、10円の親は100円、100円の親は1000円……というように、小さいお金には、それより大きいお金が、保護者みたくついてるからです。

人間でもさ、我が子が迷子になったときに助けてくれた人には、ものすごく感謝してお礼を言いに行くでしょ? 菓子折りを持参するとか、場合によっては、お金を包んで感謝の気持ちを表すこともある。

自分の子を可愛がってくれる人がいれば、ほかの人よりも好感を持つよね。

それと同じで、道端に落っこちてる1円を救助してあげたりすれば、親の10円が感謝してあなたのところに来てくれます。

10円を喜ばせた人は、それを喜んだ100円にもご縁ができる。5000円、1万円と、どんどん大きなお金が集まってくれるんだよね。


その反対に、1円玉を無下にすると、10円にも、100円にもそっぽ向かれちゃうの。あっという間に、万単位のお金があなたから逃げていく。

だから、**どんなに小さなお金でも軽く見ないことだよ。**収入が少ないときは、1円でもいいから貯金しようよってことなんです。

小さなお金も礼を尽くして、大切にしよう。1円でも、10円でも大事にして貯めておこうって思える人は、なぜか臨時収入があったり、お給料が増えたりして、だんだん豊かになってくるんです。

1円なんて貯金してもしょうがない。そんなふうに思うから、その1円が、本当にしょうがないお金になっちゃうんだよな。

1円を100万円の価値にするか、それとも1円をそれ以下の価値に落としてしまうかは、すべて自分の思いなの。


あとね、お金は、死ぬときにあの世まで持っていくことはできません。

どれだけたくさんお金を持っていたとしても、生きている間に使いきれなかったら、全部この世に置いて行くんだよね。

だったら、使う分だけあればいいですよねって、そうとも言えないの。

お金は、自分を守るために、少しぐらい多めに持っておくことも大事なんです。


というのも、お金がないと、場合によっては嫌なやつに頭を下げなきゃいけないときがある。

商売なんかでもさ、儲けがなくてきゅうきゅうとしてるとこは、本当は来てもらいたくないお客さん、取り引きしたくない相手でも、断るという選択ができなくなっちゃうの。

こんなやつに買ってもらわなくても、うちは困らないんだっていう、強気ができなくなります。

そうすると、仕事が嫌になるし、人生もしんどくなっちゃうの。

だから、入ってきたお金はみんな使っちゃいけない。**いざというときに、自分を我慢させないためにも、必ず残しとくの。**

なにも、大金を残せと言ってるわけじゃないんです。あなたのできる範囲で、1円でも多く貯めとけばいい。

お金があれば、嫌なやつのご機嫌を取る必要もなくなる。

それだけで、人生って豊かさを増すよ。

第4章

成功するって実は簡単なこと

人生を極楽にする方法ってあるよ

人生では、正しさよりも、自分にとって楽しいほうを選ぶことが大切です。正しいうえに楽しければそれに越したことはないけど、正しいか、楽しいかで言えば、**圧倒的に楽しいほうが重要なんだよね。**

幸せになりたかったら、常に「どちらが楽しいか」を判断基準にしなきゃいけない。

たまに、「私は仕事が嫌いだし、家で寝てるほうが楽しいから働きません」と言う人がいるんだけど。これはね、物事を表面的にしか見てないの。

仕事をしないで家で寝ていると、間違いなく、お金はなくなります。会社員は、何日かそれやってるだけで自分の席がなくなるだろう（笑）。自分で商いをやってる人も、お客さんが来てくれなくなる。

それであなたは楽しいんですか、幸せですかってことだよね。

仕事が嫌だ、という感情だけに目を向けるから、働きたくないんです。

その少し先にある、「給料で美味しいものを食べたら楽しいな」「出世したらうれしいな」「好きな人にプレゼントできるのって幸せだな」みたいなのが、ごっそり抜け落ちちゃってるの。

ここが見えている人は、短絡的な選択をしないはずです。

仕事に行きたくない。その気持ちがダメなわけではありません。

誰だって、心や体が疲れているときは、大なり小なり、そういう心境になることはあると思います。

でも、常に楽しい道を探せる人なら、きっとこう考えるよ。

「嫌な仕事を、どうやったら楽しくできるだろう」

それには、とにかく「仕事は楽しいな、おもしろいぞ」って言うの。

言霊《ことだま》といってね、言葉には、その言葉の意味と同じ波動が宿っているんだよ。だから、心はどうあれ「楽しい」「おもしろい」と言い続けていると、本当に仕事は楽しくなってきます。現実に、おもしろいことが起きてくる。

新しく来た上司が柔軟で頼りになるとか、異動で移った部署の仕事が自分に合うとか、いい転職先が見つかるとか。

言霊の力があれば、それくらいのことは簡単に起きちゃうんだよね。

仕事が楽しくなってくれれば、楽しい波動になり、ますますやる気が出るような知恵も降りてきます。その知恵でうまくいけば、さらに楽しくなる。

そんな、明るい循環ができてくるわけです。

大変な仕事でも、そこに楽しさを見つけられたら、人は喜びで満たされます。どんな仕事でも、自分の気持ち一つで、いくらでもおもしろくなるの。

極楽とは、「楽しいを極める」と書きます。

楽しいを極めた人だけが、自分の人生を極楽にできる。

あなたの世界を天国にしたければ、楽しむことのプロにならなきゃいけないよ。

人は完璧であり未熟でもあるんだ

人の欠点、アラばかり気になる人がいるんです。

お酒を飲むと、「うちの社長はこういうところがダメだ」「あいつはだらしない」とかってグチグチ始まる人、いるよね。

じゃあ聞くけど、あなたは一点の未熟もないんですかって話なの。

人間は、そのままで完璧です。

完璧でありながら、未熟なんだよね。未熟なところがない人はいません。

未熟だから、人は助け合うし、愛を出し合います。未熟な自分だから、助けてくれた相手に感謝し、深い愛だって感じるの。

愛をもらったら、自分も誰かに愛を出したくなる。自分がしてもらったように、誰かの役に立ちたいと思うのが人間なんです。

足りないところを互いに補い合い、愛を出し合いながら、この世界は進化し続ける。

神様の望みは、これなんだよ。

人間だから、ときどきは愚痴をこぼしたくなることも、人のアラが目について仕方がない場面もあるだろう。でもね、そんなときはこう考えてみたらいいよ。

相手の欠点に気づける自分は、そこを埋められる能力があるんだなって。

たとえば、上司の不出来なところが目についたとするじゃない。

ということは、あなたには上司の弱みを補える力があるわけです。アラに気づいてイラっとするのは、あなたにはそれが簡単にできることだからなんだよ。

あなたにとって難しいことだったら、「上司にもできないことがあるんだなぁ〜」

とかって安心するぐらいなもので（笑）、イライラはしないだろうね。

上司がデタラメなことをしても、あなたの実力が低ければ、デタラメであることすら気づけません。あなたが優秀だから気づけた。わかるかい？

だとしたら、**その能力を使って上司をサポートしてあげたらいいじゃない。**というか、それが従業員として、部下としての務めでしょ？


陰で上司の欠点にケチつけたって、いいことなんて一つもありません。

あなたの悪口はいずれ上司の耳に入り、上司との関係にヒビが入るかもしれないし、場合によっては、あなたの昇進だって妨害されるかもしれないよ。誰だって、自分の悪口を言う相手を引き立てようとは思わないからね。

その点、あなたが上司の弱点を徹底的にサポートし出したら、上司は間違いなく、あなたに感謝する。きっと、誰よりも可愛がってもらえるだろう。

それこそ、あなたはどんどん重要な仕事を任されるようになって、いち早く昇進話が出てくるかもしれないよな。

ちょっと視点を変えるだけで、未来は大違いなんだ。

抵抗勢力が出てきたら実は大チャンス

生きていれば、人から抵抗を受けることがあります。あなたの行動に反対する人、批判する人、妬みで邪魔する人など、いろんな形で抵抗が現れる。

そのせいで、やりたいことをあきらめたり、悲しみに支配されたりすることもあると思います。

でもね、一人さん的に言えば、抵抗が出てきたときこそひるんではダメなの。

抵抗はむしろ、「どんどん加速しろ」のサインなんだよね。**抵抗に向かって加速すれば成功するよっていう、チャンスのお知らせです。**

飛行機ってさ、あの巨体が空に浮き上がるのは、空気抵抗をうまく利用しているからなんだよ。

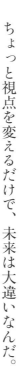

滑走路でスピードを上げれば上げるほど、空気抵抗は強くなります。だからといって、そこで失速すれば飛び上がることはできません。

空気抵抗が大きいからこそ、飛行機は加速して突き進み、大空へ飛び立ちます。飛び立った後も、恐れずガンガン進む。スピードダウンしちゃうと、たちまち飛行機は墜落してしまうの。

それと同じで、人生でも前に進む人には必ず反対や邪魔が入る。ちょっと成功して目立つと、陰口を言われたり、嫌な噂を流されたりしてさ。

多くの人は、そんな抵抗に遭うことを恐れ、初めから力を抜いたり、せっかく速度を上げて進んでも、強い抵抗にひるんでスピードダウンしたりしがちです。

だけど、それだとうまくいかないんだよ。飛び上がれないままで終わるとか、一度は飛んでも、尻すぼみで終わってしまう。

乾電池だって、「＋（プラス）」と「－（マイナス）」の二極があるから、その電気エネルギーを使うことができます。

行動という、プラスの要素。

そして、反対や邪魔というマイナスの要素。

この二つが揃ったときこそ、大きなことを成しうる絶好のタイミングだ。一人さんは、そう思っています。


飛行機がはるか彼方の外国まで飛ぶように、人生で遠く（成功）を目指したいのなら、抵抗は自分のエネルギーに変えるしかありません。

抵抗が出てきたときは加速のチャンスだと思って、いっきにエンジン全開だよ。

行く手を阻《はば》まれても、恐れて失速してはいけない。

そうすれば、邪魔者だったはずの抵抗が、最強の味方に変わるんだ。

自分の仕事に心底惚れ込んでるかい？

働くって、「はたがラクになる」ことなんです。ようは、あなたが働くことで、誰かの暮らしが快適になったり、仕事の負担が軽減したりすることで喜ばれる。

これが、あるべき仕事の形なんだよね。

うちの会社で言えば、体調管理にサプリメントが役立ったとか、化粧品できれいになったとかで人が喜んでくれるわけです。

一人さんの知恵で、何百人、何千人という人が笑顔になる。私にとって、これほど働き甲斐のある仕事はないし、だから結果もついてくるんだね。

仕事も、会社の経営も、いたって簡単なの。

人に喜んでもらえることをすればいいんだよね。もちろん、喜ぶ人のなかには、自分や仲間、取引先も入ってなきゃいけない。

この全員が喜べる「本物の仕事」さえすれば、経営は間違いないんです。必ず儲かるし、そこから税金もしっかり払って、世間様にも喜んでもらえます。

自分（仲間）、取引先、お客さん、世間の四者がみんな満足できることを「四方よし」と言うんだけれど、それができると、今度は神様にも褒めてもらえるの。

こうなると、もう勢いは止まらない。これほど安泰な会社はありません。


実際、一人さんは、会社で仲間にノルマを課したことなど一度もありません。もちろん、お客さんに「買ってください」と言ったこともない。

それでも、納税日本一になったの。

これを、神の力が働いていると思わないでいられるだろうか。


人に喜んでもらうための基本は、まず自分がそれを好きであること。

それが大前提だから、自分で「この商品はイマイチだなぁ」と思ってるものを売ろうとしても、これはダメなんです。

その点、私は、自分が開発した商品を心底いいものだと思っているし、どの商品も大好きです。一つひとつの製品に、惚《ほ》れ込んでいる。

極論を言っちゃうと、売れなくてもいいと思うくらいなの。売れ残ったとしても、こんなにいいものは自分たちで使えばいいよねって。

自分がそこまで惚れ込んだ商品が、売れないわけがないんです。

売ろうとしなくても欲しい人が出てくるし、売ろうとしないことが、むしろお客さんにしても心地よくて、結果的に売り上げにつながるの。


推し（ファンになった相手）の芸能人がいると、その人の魅力をみんなに伝えたいと思うでしょ？　共感してもらえたら、それだけでうれしいよな。

仕事だってそうなの。洋服でも、車でも、家でも、機械の部品でも、売る人が自分とこの商品に心底惚れ込んでいたら、お客さんに「こういうところが最高なんです！」って言いたくなるんです。

結果はさておき、とにかく魅力を伝えたい。話を聞いてもらえたらうれしい。

そうすると、奇跡が起きる。売ろうとしなくても、向こうから買いたいと言ってくれるんです。

ただただそれが好きで、魅力を伝えたい人の言葉って特別なんだよね。人の心を動かす力があるの。

それに、好きなことに夢中になっている人は、楽しい波動、幸せ波動で満たされます。その人がいるだけで、場が楽しいムードになっちゃうんだよ。

その波動に触れたお客さんは、**「この商品を使うと、こんなにハッピーになれるのか」**って感じる。だから欲しくなるんです。

ただし、その商品が本当にいいものであることは大前提ですよ。でないと、「これはすごくいいですよ」と言ってもウソになっちゃうからね（笑）。

社会的地位が上がるほど謙虚さが試される

稲は、実が育って重くなると、穂先が地面に向かって垂れます。それになぞらえた、「実るほど頭《こうべ》を垂れる稲穂かな」という言葉があるんだよね。

育った稲穂が頭を垂れるように、人間もレベルが上がったら、それまで以上に「おかげさまです」「ありがとうございます」と頭を下げることが増えなきゃいけない。能力が高くなればなるほど、ますます謙虚になるのが道理である。

そういう意味です。

ところが、企業やなんかのトップでも、それができない人がいます。上に行くほど、偉そうにいばっちゃうわけ。

そうするとどうなるかというと、神様が教えてくれる。

宇宙の流れに反する生き方をしちゃダメだぞ、今の地位や名誉は周りの人たちのおかげだぞって、それがわかるような現実を出してくれるんだよ。

つまり、成功が長く続かなかったり、苦しい出来事が続いたりするのです。

勉強や仕事の実力をつけることも、人生には必要です。

でもね、実力だけあってもしょうがない。魂のレベルが未熟だと、いくら能力が高くても、バランスが悪くて安定しないんだよね。

魂レベルを上げるって、土台をしっかり固めることなんです。

体でもさ、頭でっかちで足がヒョロヒョロだと、バランスが悪くてすぐ転んじゃうでしょ？　ビルだって、土台がスカスカなのに高さばっかり伸ばしたんじゃ、小さな地震があっただけで倒壊するよ。

人生も同じで、上に行けば行くほど、謙虚でなきゃいけない。自分にも、人にも、それまで以上に愛を出し、優しくできないと、その立場を維持できないんだ。

でもね、本来は、上にあがったら自然とそれができやすくなるものなんです。

一流企業の社長やなんかは、ただそこにいるだけで、人から「社長に会えてうれしい」「話を聞けて幸せ」と言ってもらえるでしょ？

それほどの人が、ちょっと「笑顔がいいね」「君がいてくれて助かるよ」なんて褒めたら、それこそ相手は感激するよ。ささやかな言葉に、泣いて喜ぶかもしれない。

人は、上へ行くごとに、相手の自己肯定感を簡単に爆上げできるの。周りの人に、愛を感じてもらいやすくなっているんだね。

私はこのことを、「神様に褒めヂカラを試されてるなぁ」と思うの。自分のレベルが低いときは、相手のどこを褒めたら喜ばれるだろうって、ちょっと考えるんだよね。褒めポイントを探さなきゃいけない。

ところが、上の立場になってくると、ただの挨拶でも人が喜んでくれる。褒めポイントなんか探さなくても、相手を満たしてあげられるわけです。

それはつまり、神様からの「もっとレベルを上げて、たくさんの人を満たしてあげな」というメッセージなんだよね。

だから私は、その期待に応えたくて、いっそう魂に磨きをかけて上を目指す。神様のお手伝いができることほど、やり甲斐のあるものはないからね。

社会に出たらカンニングや替え玉もOK！

学校のテストでは、人の答案用紙を見たらカンニングになります。自力で満点を目指さなきゃいけないわけだから、これは相当難しい。

また、替え玉受験なんてしようものなら一発アウトです。

だけど、社会に出たらそんなルールはありません。カンニングも、替え玉も、それこそやり放題なの（笑）。

同じ100点でも、全員の力を合わせて100点になればいいんだよね。

三人のチームだったら、10点の人、30点の人、60点の人がいればOKだし、極端な話、二人が0点でも、あとの一人が100点を取れば満点です。

チームのメンバーが個別に100点を目指すのもいいけど、お互いに知恵を出し合いながら協力すれば、もっと簡単に100点を取れるよね。

それでも100点に届かない場合は、できる人が、替え玉として得点を取ってあげたらいい。これも、社会ではマルがもらえます。

自力では0点の人でも、できる人に教わったり、代わりにやってもらったりすれば、確実に100点が狙えます。全員が結果を出せるんだ。

これを、うちの会社ではやりまくっている。

それに加えて、「渡り鳥経営」というのもあってね。

渡り鳥は、決まった季節になると、海を越えて南北を大移動します。そのとき、先頭を中心に、前の鳥の斜め後ろ、そのまた斜め後ろ……というように列をなして飛ぶんです。この様子が、アルファベットの「V」に似ていることから、V字隊列と呼ばれるんだけどね。

V字隊列で飛ぶと、前の鳥の羽ばたきで、後ろに上昇気流が起きます。それにうまく乗ると、後ろの鳥は少しの体力で楽に飛べるの。

ただ、先頭の鳥は上昇気流の恩恵が得られないから、そのうちに疲れてくる。すると、先頭の鳥はスッと後ろに下がり、元気な鳥が前に出て先導します。

こうした工夫があることで、渡り鳥は長距離を飛び続けることができるんだよね。

このやり方を真似しているのが、渡り鳥経営です。


まるかんには、正規販売代理店の社長たちが何人かいるわけだけど、最初はみんな、経営のことを何も知らない人たちばかりでね。

だから、一人さんが「こうやるんだよ」って、代わりに全部やってあげたの。ようは、カンニングと替え玉です（笑）。

これに並行して、売り上げトップになった社長は、ほかの社長たちに「これでうまくいったよ」というのを、包み隠さず全部教えるわけです。それを真似することで、みんなの売り上げもグンと伸びる。

で、次に別の社長が一番を取ったなら、その方法をまたみんなに伝える。

結果、どんどんブラッシュアップされて、どの会社も右肩上がりに業績が伸びていったんだ。

うちは、勝ち負けで差をつける競争をしません。

その代わりに、みんなで協力して上を目指す「共創」を全力でやっているの。

自分一人で成功を目指すのは難しいけど、みんなの力を合わせて100点なら、楽に成功の道を行けます。


自分が持っていないものは人に知恵を借り、自分が知っていることはどんどん人に教える。それが、もっとも簡単な成功の秘訣なんだよ。

だから、「これは自分の知恵だから誰にも教えない」とかって心の狭いことを言ってないで、知ってることはどんどん人に教えてあげたらいい。

そういう人は、周りからも、知っていることを快く教えてもらえるんです。

自分一人で挑むより、はるかに大きな成果が得られるよ。

いつの時代も経営にコツはありません

芸ごとには、確かなコツがあるんです。そのコツが代々受け継がれていくから、歌舞伎役者なんかでも、二代目や三代目がしっかりとその名を守れるんだよね。

それに対して、経営にはコツがない。もし、「この通りにやれば絶対うまくいく」というのがあるんだとしたら、それさえ守っていれば、二代目でも三代目でも、会社は安泰なはずでしょ？

だけど、現実には「三代目がつぶした」とかってよくあるじゃない。

経営にコツがあるとしたら、「経営にはコツがない」ことを早く知ることなんだよね。

じゃあ、コツがないのに長く続いている企業はどういうことなんですかっていうと、共通するのは、**トップに立った人がみんな仕事をおもしろがっていたんだね。**

絶対的なコツはないからこそ、自分の会社に合った戦略、時代にマッチした道を探さなきゃいけないわけだけど、それを「大変だ、大変だ」と否定的に捉えず、軽やかな気持ちで楽しんだのだと思います。

でなきゃ、何代も繁栄し続けることはできないの。一人でも否定的なのが出てきてたら、きっと会社は傾いただろう。

経営もさることながら、そこで雇われている会社員も、アルバイトや専業主婦でもみんな同じだけど、とどのつまりは明るい波動なんです。

いい波動の人が、成功しないわけがないんだよ。

一人さんの仲間のなかにね、販売業のパートをしてる人がいるんだけど。

その人、仕事を楽しんでるだけで、特にがんばってるつもりもないのに、棚ボタ的にどんどん売り上げが伸びちゃったんだって。結果、社員を差し置いて全国一位になったそうです。

こんなパートさんが職場にいたら、社員だっていい刺激を受けてやる気が出るだろうし、何より会社から大事にされる。「あなたにいてもらわなきゃ困る」と言ってもらえると思います。

明るい波動、楽しい波動でいると、奇跡みたいなことって普通に起きちゃうの。専業主婦の人でもさ、自分の波動がよくなれば、それが旦那さんとか、子どもの成功につながるんだよ。

よく「内助の功」って言うけど、奥さんが自分の波動を上げたら、これ以上に強力な内助の功はありません。

料理の腕がどうとか、掃除が云々とか、そういうのを内助の功だと思ってる人が多いんだけど、波動の悪い奥さんがいくらがんばってもしょうがないの。

一に波動、二に波動。とにかく楽しい波動だよ。

やりたいと思ったことは必ず現実になるよ

人は、自分がやりたいと思ったことは、やればできるようになっています。好きでやり続けたいことなのに、いまひとつ上達しないときは、単に練習が足りてないだけなの。

井戸掘りでもさ、地面をちょろっと掘ったぐらいで水が出るはずがない。水脈に当たるまで掘り下げなきゃいけないよね。

そして、深く掘った井戸ほど、湧き出た水はきれいなんです。

好きなことは、できるまでやれば必ずできます。充分な練習を積めば、超一流のプロにだってなれるの。

やってもできないことは、そもそもやりたいと思わないものなんです。

一人さんの話をすれば、私は子どもの頃から体が弱かった。だから、体を使う仕事にあこがれたことがないんです。

ボクシングなんかでも、見るのは楽しいし、かっこいいなと思う。だからって、自分がやってみたいとは思いもしない。体の弱い私がボクシングをがんばっても、まずプロにはなれないからね（笑）。


私は、子どものときに「プロの商人になりたいなぁ」と思ったの。だから、大人になって挑戦した。それで、本当に商売のプロになれたんだよ。

心の声って、魂の本音なの。

ふと思いついた「これやってみたいな」は、単なる気まぐれなんかじゃない。魂がそれをやりたがってるサインなんだよね。

魂のメッセージは、わかりやすい形ではなく、ふわっと、そよ風みたく心に浮かぶんです。それが、あなたの生きる道なの。

だから、心に浮かんだことは迷わずやってみたらいいよ。

もちろん、やってみたら自分に向いてないとわかることもあります。**そのときは、執着しないですぐにやめたらいいだけなの。**

どうして自分に向かないことに興味を持つのかと言うと、それを少しかじってみることで、何か大切なことが得られるようになってるんだね。

で、それが得られたから、「やっぱり向いてない」と感じたのかもしれません。

いずれにしても、やりたいことはやればできる。

そしてそれは、自分自身のことに限らず、人に何かを教えるときも同じなんです。

世の中には、1回教えただけでビシッとできるようになる人もいますが、たいていの人は、何度か教わって初めてできるようになるものだと思います。なかには、10回、20回と教えても上達しない場合もあるだろう。

でもね、これもまた井戸掘りと同じです。

怒ったり、ため息をついたりせず、100回でも、200回でも、同じことを何度も教えられるかどうか。

人に何かを教えるときは、それくらいの覚悟がなきゃダメだと私は思っています。ただし、これは大前提として、本人がその道を望んでいるときの話ですよ。

覚悟を持って指導に当たると、怒りながら教えるよりも、はるかに相手は上達します。実際のところ、100回も200回も言わなきゃならないってことはないだろう。

あなただってさ、何度でも丁寧に教えてくれる先輩や師匠がいたら、その愛や熱意に感動して、自ら「死ぬ気でやるぞ!」って奮起するんじゃないかい?

人間とはそういうものなの。

感情的に怒っても意味はありません。自分も相手も不快になって、損をするだけなんだ。

どんな人にも丁寧な言葉で接しな

昔は年功序列が当たり前で、会社でも、たいていは社長が最年長だった。上司のほうが若いってことも、あんまりなかったんだよね。

それが、時代とともに年功序列制度のない外資系企業が入ってきたり、若い人たちによる起業が増えたりして、国内企業でも年功序列の傾向が薄くなってきた。年下の上司、年上の部下というのは、珍しいものではなくなったよね。

そうすると、「年上の部下とどう接していいのかわかりません」「社長が若くて戸惑います」みたいな悩みを持つ人が出てきてね。

ズバリ言うけど、職場で年上も年下もありません。というか、一人さん的には、それはプライベートだろうがなんだろうが同じです。

だって、**どんな場面でも人間同士であることに変わりはないし、仕事中でも、プ**

ライベートでも、みんな等しく神の子なんだから。

私は、誰に対してもそういう感覚です。

この人は年下だから適当な応対でいいとか、あの人は年長者だから丁寧にしなきゃとか、相手を見て言動を決めたことなんかありません。総理大臣に会おうが、近所のおじいちゃんや子どもと話そうが、態度は変わらないんだよね。

みんなに丁寧に接する。つまり、同じように愛を出していれば、相手に不快な思いをさせることも、誤解を生むこともない。間違いないの。

親しい間柄の場合は、ほかの人よりフランクなほうが堅苦しくなくて、相手に安心してもらえるとか、喜んでもらえるってことは確かにあるだろう。

でも、人間はミスをする生き物です。人を見て態度を決めるって、リスクがすごく大きいんだよ。

みんなも経験があるかもしれないけど、学校の先生にうっかり「お母さん」と呼びかけてしまったり、よその子を自分の子どもの名前で呼んじゃったり。そういうの、あるんじゃないかい？

つまり、偉い人に対してもそれをやりかねないよってことなの。無意識に「そうなんだ〜」とかってタメ口になるくらいならまだしも、汚い地獄言葉が出ちゃったら取り返しがつかないんです。

その点、**日ごろから愛のある丁寧な話し方をする人は、それが当たり前だから、場違いな言葉なんて出てきようもない。**

うちの商品は、幅広い世代のお客さんに使ってもらっていますが、あの人は自分より若いから適当でいいとか、この人は年上だから敬おうとか、お客さんにそんな失礼なことはできないんです。商人として失格だよな。

第一、年齢や立場なんていちいち気にしてられないよ。めんどくさくてさ（笑）。自分と同じ年代に見えるけど、ハッキリ年齢がわからない。そういうときはどうするんだろう？　わざわざ年齢を聞いて、「1歳上だから年上扱いにしよう」とかって考えるんだろうか（笑）。

18歳の人でも、60歳の人でも、一緒に働くとなったら、協力し合って会社に利益を出さなきゃいけない。

そのためにも、みんなが気持ちよく働けるのがいちばんです。

同じ職場の上司と部下、同僚として、お互いに愛を出し、敬いながら接すればいいだけの話なんだ。

「78対22の法則」を知っているかい？

ユダヤ商人（世界三大商人の一つ）が、商売の大原則として考える「78対22の法則」というのがあるそうです。

宇宙は78対22の割合で成り立っており、仕事でも勉強でも、この割合に沿って実施すると最大効果が得られるという考え方です。

たとえば、商品の値段をつけるときには、価格とお釣りが78対22の割合になるように設定すると売れやすい、などです。１０００円を出したときに、２２０円のお釣りが出るように、商品価格を７８０円にすればいいんだよね。

この、78対22の法則でいくと、人間のやることは最高でも78％となり、１００％に至ることはないのだそうです。

だから、完璧主義の人はつらくなるんだよね。いくら努力しても、人間は絶対に完璧になれないから。

やってもやっても目指す完璧に届かなければ、人はだんだん卑屈になります。自分を責めるか、ほかの人を責めるか、そのどちらかになる。

自分の魂をいじめ、人の魂もいじめ、待っているのは苦しい未来なんだよね。だったら、最初っから完璧なんて目指さないほうがいい。

最高でも78％だという前提で、「伸びしろ」を残したほうがうまくいきます。

ちなみに、一人さんは、折り紙付きの不完璧主義です（笑）。といっても、いい加滅なことをするとか、インチキをするとかじゃない。

どれだけうまくできたとしても、行き着くところは78%の場所でしかないことを知っているということなんです。

というか、最大で78%なわけだからね。ときには20%しかできないこともあるだろうし、よくて60%ぐらいだろう。そうそう最大値が取れるわけじゃない。

でもね、そのときに私は、自分を「よくやった」と褒めるの。もちろん、ともに汗を流した仲間のことも同じように労います。感謝する。

そうするとね、自分も人も自己肯定感が上がって、「できなかった部分をどう攻略しようか」って、やる気がみなぎってくる。挑戦することが楽しくなるんだね。


魂は、完璧を望んでいるのではありません。

今の自分より1ミリでも成長すれば、それが何よりの喜びなんだよ。

私たちは、成長することで満たされます。

そして、いくら前進しても完璧がないおかげで、人生に「もうこれで終わり」という行き止まりがない。いくら進んでも、新たな修行が出てきて飽きないわけです。
不完璧主義って退屈しない。こんなに楽しい生き方はないよね。

お金のコラム❹

お金は人間で言うところの血液です

人間をはじめとする動物は、血液がないと生きられません。

血液がうまく全身に行き届かなかったら、血行不良で機能不全になるし、ひどい場合はその部分が壊死《えし》することもあるんだよね。

それと同じで、社会も「あるもの」が隅々にまで行き渡らないと、世の中はうまく回らないの。

それは何かと言えば、お金です。

お金が足りないと、人が生きるために必要なものが手に入らなくなります。健康や命が脅かされるわけだから、そういう場所は荒《すさ》んで治安も悪くなる。

お金って、人間で言うところの血液なんだよね。

たとえば、あまり多くの需要はないものの、それがなくなると困るものとか、サービスとかってあるんです。

需要が少ないからって、そこで働いてくれる人を安い賃金で疲弊させるようなことをすると、その仕事に就く人がいなくなるよね。結果、サービスが縮小することになって、困る人が出てくるわけです。

お金が不足するって、社会全体の豊かさとか、暮らしやすさに深くかかわるから、世の中の隅々まで充分に行き渡らせなきゃダメなんだ。

そのときに、心臓の役割を担うのが商人です。

人間は、心臓がドックンドックン動き、その圧力で血液が全身にくまなく運ばれます。心臓は、血液を全身に押し出す大事なポンプだから、心臓が病気になっちゃうと人は生きることが難しくなる。

商人も、社会という名の肉体において、そんな働きをするものだと思います。

だからこそ、商人はどんどんお金を儲けなきゃいけない。

そして、世の中でお金が枯渇するところがないように、税金をしっかり払う責任があるわけだ。


世間には、たくさんお金を稼ぐことを悪く言う人もいます。けど、それって大間違いだよ。


商人がお金を稼がなくなったら、社会は死んでしまいます。

全員が最低限のお金を稼ぐだけでは、お金を送り出す力が弱くなっちゃうの。大人の体に、赤ちゃんの心臓が入ってるみたいな、パワー不足の状態になるんだよね。

巨大な社会には、それに見合った、強く勢いのあるポンプが必要です。でないと、お金が届かない場所があちこちにできてしまう。

たくさん稼ぎ、そしてしっかり税金を払える人って、社会に欠かせない存在なんだ。

ひとり

第5章

不思議で楽しいこの世界を笑って生きる

目からウロコの「4と9のお話」

4という数字は「死《し》」を、9は「苦《く》」を想起させることから、日本では不吉な数字だと言われます。マンションや病院などの部屋番号では、これらの数字が避けられるケースもあるよね。

でも、一人さんは、4も9も大好きなんです。

二つの数字を好んで使うし、そんな私の影響で、うちのお弟子さんや仲間たちも、車のナンバーにつけたりしているの。

きっかけは、昔、こんな夢を見たことにあります。

ある夜、夢のなかに4と9が出てきたんです。へんてこりんな夢でしょ？（笑）

二つの数字が、話し合っているんだよね。

「私たちは何も悪くないのに、なぜみんなに嫌われるんだろう？」

「そうだよね。いくら考えても、ちっとも理由がわからない」

「ひょっとして、形が悪いのかな？　もっとかっこいい姿になれば、みんなが好きになってくれるんじゃない？」

そうやって、いろんな形に変化しているわけです。その様子がおもしろくて、私はお腹を抱えて笑っちゃった（笑）。

すると、4と9がこちらに話を振ってきたの。

「一人さんはどう思います？」


私は、日本語の「死」と「苦」を連想してしまうせいだから、形の問題じゃないし、あなたたちは悪くないよと、数字たちに言いました。

4と9はたちまち悲しみに包まれ、こうつぶやいたんです。

「それはヒドイなぁ。**私たちは、二つ合わせると〝49《よく》なる〟なのに……**」

ナルホド！　それはそうだ。

みんなは悪いほうの連想ばかりするけれど、ちょっと視点を変えて明るい面を見たら、4と9はとんでもないラッキーナンバーなんだよね。

私は、すぐさま二つの数字に誓いました。

「これからは、君たちをいっぱい使うよ。一人さんは君たちが大好きだ」

それを聞いた4と9は飛び上がって喜び、「私たちが力を合わせて、一人さんを絶対よくしてあげますね！」と言い、どこかへ帰っていったのです。

それからというもの、私は夢で約束した通り、4と9を大切にしてきました。

そして、私にはたくさんの成功や豊かさが訪れ、今に至るわけです。

当たり前のこと普通にできるあなたはスゴい！

自分のことを、平凡でつまらないと言う人がいるんです。家と職場の往復で、代わり映《ば》えのない毎日だと思っている。

ひょっとしたら、あなたもその一人かもしれないね。

だけど一人さんに言わせると、あなたはスゴい人です。

多くの人は、何か特別なことができなきゃいけないと思いがちだけど、本当にスゴいのは、当たり前のことを、当たり前にできることを指す、と私は思っています。

自分や家族のために一生懸命働いているのって、最高にすばらしい。働くことで、社会の役にも立っているよね。

子どものいる人は、子どもに食べさせ、着せ、学ばせ、楽しませているんです。

これほど価値のあることが、ほかにあるだろうか。

道路の工事をしてくれる人や、農家さんは、雨が降ろうが、カンカン照りだろうが、外で汗を流してるんだよね。

深夜や早朝に働いてくれる人、遠洋漁業に出てほとんど家に帰れない人……世の中は、本当に多くの人の力で成り立っています。

この世界で働くすべての人に、一人さんは拍手と感謝を贈りたい。

平凡だなんて、とんでもない話なんです。みんな、最高にかっこいいよ。

あなたがいなくなると、困る人がいる。
あなたのおかげで、今日を生きながらえる人がいるんだ。

それにね、どんな世界でも、当たり前のことをひたすらやり続ける「凡事徹底《ぼんじてってい》」がなければ、プロになることはできません。

超一流のアスリートとか、企業や業界のトップに立つ人とかの生活って、聞けば驚くような地味なことを、ひたすらやり続けているんです。筋トレとか、早寝早起きとか、バランスのいい食生活とか。それこそ、平凡の極みのような習慣かもしれないよ。

でも、その平凡の積み重ねが、一流へと押し上げてくれるの。

人にはそれぞれ、「指導霊」という目に見えない先生がついてくれています。
必要な学びを授けてくれたり、情報をくれたり、能力を伸ばすためにさまざまなサポートをしてくれるんだよね。

それで自分がレベルアップすると、新たな指導霊がやって来て、これまでの指導霊と交代するの。

幼稚園、小学校、中学校、高校、大学と、それぞれ先生は違うでしょ？　それと同じで、私たちの人生も、たくさんの指導霊に教わりながら向上するんです。

凡事徹底ができる人はね、指導霊に「やる気があるな」と認定されて、最高のステージへ引っ張り上げてもらえるんです。見込みのある生徒がいれば、先生だって奮起するんだよね。

だから、今自分に与えられた仕事を一生懸命にしている人は、指導霊に見どころがあると思われて、どんどんレベルアップする。専業主婦の女性が、カリスマ主婦として一躍有名になったりするのは、まさに指導霊の後押しがあるおかげなんだ。

当たり前のことを、当たり前にできる人はスゴい。

自分のことを、もっともっと褒めてあげてください。

色を好む人だからこそ傑出するんだ

俗に、「英雄色を好む」と言います。

戦国武将の豊臣秀吉なんてかなりの女好きだったし（笑）、現代社会でも、秀吉に似たような人をけっこう見かけるものです。そんなわけで、成功者の浮気話なんかが出ると、「やっぱり成功すると女性問題を起こすのね」なんて言われちゃうんだけど。

でも、英雄（成功者）だから、色を好むのだろうか？　一人さんは疑問なんです。

私は、世間様の解釈とはちょっと違います。

成功したことで、急に色を好むようになったわけじゃないんだよ。もともと、色を好むほど精力的なの。

強いエネルギーの持ち主だから、「もうこの辺でいいや」みたいなのがなくて、昇り龍のごとく上へあがっていく。

色を好む人だからこそ、傑出した結果を出せるんじゃないかな。

で、成功すると目立つから、今まで通りに女性とデートしてるだけでも、周りからやいやい言われちゃうんだろうね。

一人さんも女性が大好きだから言うんだけど、私の女性好きは、成功してから出てきたものじゃない（笑）。最初から、女性が好きなんです。

実のところ、一人さんが納税日本一という成功を手に入れたのも、女性が好きだったおかげだと思っています。

だれだって、仕事ができる人が好きでしょ？

だから私は、仕事をガンガンやってプロの商人になれば、もっとモテるに違いないと思ってがんばった（笑）。欲に突き動かされたようなものなんです。

仕事でもなんでも、きれいごとだけじゃ馬力は出ないの。

世界の発展、進化のためには、人の欲が不可欠です。

欲が弱い人ばかりだと、豊かな文化も育まれないし、技術だって発展しないよ。

文化や技術だって、「これを極めるぞ」っていう、パワフルな人がガンガン切り拓いていくわけだから。

それこそ、人の命に直結しない文化的なものは、欲が消えるとたちまち廃《すた》れてしまうだろう。だけど、世界中でさまざまな文化が育まれてきたおかげで、その文化が私たちの心を豊かにしてくれる。

欲って、すごく大切なものなんです。

極論を言えば、人間から欲がなくなってしまうと、それこそ立って歩くことすらしなくなるかもしれないよな（笑）。

どんな欲も、必要があって神様がつけてくれたもの。

その欲を抑えながら生きるのは、神の道から外れた生き方になっちゃうんだ。

人生に悩まない私が実践していること

私たちは、悩みから解放されることはありません。悩みが出てこなかったら、人は成長できなくなっちゃうんだよね。

ただ、悩みが出てきても、それをすぐに解決できれば、結果的に苦しむことはない。

苦しいのは、悩みが出てくるのが原因ではなく、悩みのタネが芽を出し、葉を出し、大きく育ってしまうからです。タネの段階でつまみ出してしまえば、それ以上、悩みが大きくなることはありません。

その意味では、一人さんは悩みのタネを取り出すプロだから、人生に少しも悩みがないわけです。

では、どうやったら自分のなかに出てきた悩みのタネを取り出せるか。

これも、考え方一つなんです。

まず、自分はツイてるから、何が出てきても大丈夫だと信じること。明るい波動で考えるの。

そのためには、自分に優しくなきゃダメだよね。自分いじめをしてると、ツイてる道から外れてしまうから。

自分はツイてると思えたら、悩みは劇的に減ります。難題が出てきても、天に味方されて、本当になんとかなっちゃうんです。

そもそも、悩みとはいったいなんだろうかって思うわけだよ。

悩みは、自分でどうにもできないことだから、みんな困っちゃうわけでしょ？　自分で解決できることだったら、悩む必要はないよな。

でも考えてみると、どうにもできないことを悩んだってしょうがないわけです。だって、悩んだところで解決するわけじゃないから（笑）。

論理的に考えたら、悩むだけ損だとわかる。それでもなお、人は悩んでしまうものなんだよね。

ただ、一つ言えることがある。多くの悩みは、時が解決してくれるの。今すぐにはどうにもならないことでも、時間が経てば自然に解決することは多いし、一生、同じことで悩み続けるってこともあまりない。

実際、1年前に自分がどんなことで悩んでいたか、思い出せない人は多いんじゃないかな？　5年前、10年前……となると、ますます思い出すのは難しいだろう。

つまり、**悩みというのは放っておいても勝手になくなるわけだ。**

あなたが悩んだから問題が消えたのではなく、時の流れによってだんだん薄れ、やがて跡形もなく消えてしまう。それがほとんどの悩みの本質です。

悩みが深く、つらいことも人生にはある。

でもね、どんなときでも、時間だけはあなたの味方です。

1秒ごとに、気持ちを軽くしてくれる。

そう思うだけでも、心はずいぶんラクになるんじゃないかな。

あなたの体は神様をお祀りする「神社」です

人はみんな神の子で、私もあなたも、神様そのものだ。というのはお伝えした通りなんだけど、このことがよくわかる場所があってね。

それは、神社なんです。

神社には、それぞれ御神体（神様が宿るもの）があり、鏡もその一つです。神社の鏡をのぞくと、そこに神様が映るとされているの。

今、あなたが神社の鏡をのぞいたとします。すると、そこに何が映るかというと、もちろんあなた自身です。

つまり、鏡に映るあなたが神様ですよって。そういうことなんだよ。

もう少し踏み込んで言えば、「かがみ（鏡）」に映った自分から「我（が）」を取ると、そこに残るのは「か（が）み」。

文字通り、神なんだよ。

我とは、簡単に言うと、この世で肉体を持つ自分を指します。

私たちの肉体は、この世で存在するための器に過ぎず、本当の自分は、肉体のなかにある、目に見えない魂なんだよね。

鏡に映った自分から、肉体としての自分を取っ払ってごらん。そうすれば、神様の分け御霊である、あなたの本質（魂）がそこにある。

神社の鏡をのぞくと神様が見えるというのは、このような意味なのです。

私たちは、自分で自分の顔を見ることはできません。鏡を使えば見えるけど、肉眼で見ることは不可能です。

でも、見えないからって、自分の顔がないわけじゃない。目も、鼻も、口も、確かに存在します。

神様にも、同じようなことが言えるの。

目では見えないけれど、間違いなく、神様はいるんだよね。

そして、もっとも身近な神様はどこにいるかというと、自分のなかです。


自分が神様なんだ。

ということになったとき、私たちの体は、神様をお祀りする「神社」なんです。


頭は、神社で言うところの屋根。

顔は、神社の入り口。

足元は、神社を支える土台。


一人ひとり、それぞれ自分だけの神社を持って歩いているのと同じなの。

だから、体を大切にしなきゃいけないんだよね。

神社へ行くと、いつでも掃き清められているように、自分の体もきれいにして、健康的な生活を心がけること。ゴミが散乱してたり、ホコリだらけだったりの神社なんて、誰が見たっておかしいでしょ？

日々、自分を美しく整える。

それが、自分のなかの神様を敬《うやま》い、お祀《まつ》りするってことなんです。

といっても、難しいことじゃない。

まずは、髪や顔、靴にツヤを出してごらん。髪をとかして整えるとか、顔に美容オイルをちょっとつける、ツヤ出しクリームで靴をお手入れする程度でいいから。

あとは、パリッとしたシワのないシャツや、明るい色の服を着るとかさ。キラキラ光るアクセサリーをつけてもいいね。

ようは、清潔感があれば充分なわけだけど、そのぐらいの気配りをするだけで、あなたのなかの神様がうんと喜ぶ。

こういう人は、たくさんのご加護がいただけるんだ。

未来を変えるには過去を変えたらいい

普通の人は、「過去は変えられないけど、未来は自分で変えられる」と言います。

でも、一人さんの考えはこうです。


過去は変えられる。

過去を変えたら、未来も変わる。


これが、宇宙の真実なんだよね。

未来というのは、過去の自分と、今の自分が作り出す現実です。

つまり、過去から今に至るまでの自分を変えないと、今以上の現実は出てきようがないわけだよ。

じゃあ、どうやって過去を変えるんですかっていうと、過去の視点、そのときの思いを、イメージのなかでちょっといじればいいんです。

過去ってさ、基本的に、自分や人の「記憶のなか」にしか存在しないでしょ？　物質的なものは、誰の目にもだいたい同じように見える形で残るけど、それにまつわるエピソードやなんかは、人の記憶のなかにしかない。

で、記憶というのは人によって違うし、案外、いい加減なものなんです（笑）。

なぜかというと、頭のなかには、それぞれが自分の視点で見たもの、感じたことが保存されるからです。

昔ね、一人さんは、学校を卒業した後に同級生と会うたび、冗談で「オレは生徒会長で大変だったからさ～」なんて言ってたの。私は、学校にすらまともに行ってなかったぐらいだから、当然、生徒会長なんてやってるはずがない（笑）。

ところが、繰り返し言い続けるうちに、おもしろいことが起きた。ある同級生が、「斎藤君は生徒会長だったね」って、真顔で言うんだよ。ありえない話を、本気で信じちゃってるわけ（笑）。

ほかの人の記憶は、本来、自分の思い通りに変えられるものではありません。でも、実際はそれができちゃうこともある。

そして自分の記憶なら、なおのこと簡単に変えられるんだよ。

たとえば、あなたは小さいときに、親に冷たくされた記憶があるとする。それなら、こんなふうに考えてみな。

「あのときの親は、我が子を可愛がれない未熟な魂だったんだなぁ。だけど、赤ちゃんを育児放棄するほど未熟だったら、今自分はこうして生きていられなかった。

そう思うと、未熟ながらもお世話をしてくれて、ありがたいなぁ」

冷たくされたことに意識を集めるのではなく、「してもらった」ことのほうに視点をずらすだけで、こんなに思うことが変わってくるんだよ。

自分はツイてたんだ、という記憶に書き換えることができる。

いじめに苦しんだ人は、いじめたやつのことよりも、いじめなかった人のことを思い出してごらん。

あの子だけは私をいじめなかった。優しくしてもらって、うれしかったなぁ。

学校でいじめられても、家族だけはずっと愛し続けてくれた。幸せだなぁ。

新たにそんな記憶を作って、これまでの記憶に上書きしちゃえば、苦しかった記憶は消え去るんだよね。

優しい人が一人でもいてくれて、自分はなんてツイてるんだって思えます。

そうやって、**どんな自分もツイてると思えたら、この先も間違いなく、たくさんの幸運に恵まれます。**

明るい未来があなたを待っているよ。

人に限界はない。どこまでも進化するんだ

人間の能力ってスゴいの。走るのでも、泳ぐのでも、オリンピックやなんかを見てると、びっくりするぐらい新記録が出るんだよね。

人類最速と言われた選手がいて、もうその人以上に早く走れる人は出てこないだろうと思っていたら、何年か経ってあっさり記録が塗り替えられたりする。

100メートル走なんて、昔は10秒を切るような記録が出ること自体、ありえないと思われてたの。で、9秒台で走る人が出てくると度肝を抜かれるんだけど、そこからどんどん9秒台の選手が出てきてさ。

もはや、9秒台で走る人がいることに驚きもしないじゃない（笑）。

技術の進歩だって、目を見張るものがあります。

昭和の東京オリンピックの年（1964年）、初めて東海道新幹線が開業したとき

には、最高時速２１０キロでした。ところが、今や新幹線の最高時速は３００キロをゆうに超える。

もうじき、時速５００キロのリニア中央新幹線まで開通予定なんだよね。

そしてその先も、さらに早くて、快適に移動できる乗り物は出てくるだろう。

こんなふうに、人間には限界というものがありません。さすがにこれ以上の記録は出ないだろうと思っても、際限なく出てくるの。

人間はとんでもない能力を秘めていて、限界を超え続ける生きものなんだよね。

そもそも、人間自体が進化し続けている。

昔の人に比べて、今の若い人たちは手足が長く、顔も小さい。すごくスタイルがいいよね。魂レベルだって相当なものです。

それなのに、多くの人は、自ら限界を作ってしまうわけです。心のなかで、「どうせ私はこの程度だ」とかって、自分を過小評価する。

でもそれは、恐れによる勘違いに過ぎません。本当の人間は、誰もが未知なる可能性を秘めています。

だって、私たちは神様から生まれた、神の子だからね。

神様である私たちに、限界なんてあるはずがない。

望めば、自分が欲しいものはなんだって手に入れることができるし、誰もが理想の人生を叶えることができます。

あなたには、限界なんてありません。

この先も進化し続けるし、無限の可能性がある。

限界があると思い込んでいる、その勘違いをぶち破って、もっともっとこの世界を楽しまなきゃいけないよ。

神様はいつもあなたとともにある

一人さんが好きな、不思議なお話をしますね。


ある人が、夢を見たんです。

夢のなかで、その人は神様と浜辺を歩いていたの。砂浜には、自分自身の足跡と、神様の足跡があります。

これまでの人生を振り返ってみても、そこには、二つの足跡が刻まれていました。

「私は、神様とともに生きてきたんだなぁ」

そう思ったんだよね。


ところがよく見ると、人生のところどころ、足跡が一つしかないことに気づいた。

不思議に思い、それが人生のどんなときだったかを思い出してみたの。

すると、足跡が一つになっていたのはいつも、困難に直面したときだったんだよね。

思わず、神様にたずねたんです。

「私がいちばん神様を必要としたときに、なんでそばにいてくれなかったのですか？」

足跡が一つしかないことで、その人は、神様に見捨てられたと感じたんだね。そのせいで、自分は苦しんだのだと。

神様からは、こんな答えが返ってきました。

「足跡が一つしかないのは、私が、苦しんでいるおまえを背負って歩いたからだよ」

これは、単なるおとぎ話ではありません。

人は本当に、神様に守られています。

生きることに疲れたとき、つらいときに、神様が私たちのことを背中におぶってくれるから、人は困難に負けず、壁を乗り越えることができるんだよね。
神様の愛がなかったら、私たちは簡単に押しつぶされるだろうし、ましてや暗闇で希望を拾い上げることなどできるはずがありません。

神様は、いつだって私たちのそばにいてくれます。
困ったときは、神様がなんとかしてくれる。
何が起きても、助けてくれます。
だから、生きることを恐がらなくていいよ。
すべて神様に任せて、私たちは、大船《おおぶね》に乗ったつもりで笑ってたらいいんだ。

お金のコラム❺

運のいい人は賭けごとに弱いものです

賭けごとにおぼれるのは、勝ってしまうからです。勝てば気持ちいいし、射幸心が煽《あお》られて、「次もまた……」という気持ちになるんだよね。

それで負けたとしても、過去に勝った経験があると、つい期待しちゃうの。

もちろん、生活に影響しない程度にギャンブルを楽しむのは問題ないよ。

仕事に汗を流し、たまの息抜きに「パチンコでも行こうか」と思うのは、賭けごとにおぼれているのとは違います。勝っても負けても、また仕事をがんばろうって思える人にとっては、パチンコが最高の趣味になる。

ただ、ギャンブルにのめり込んで大事なお金に手をつけてしまったり、借金しちゃったりするのは、自分も周りも困ります。

賭けごとは、勝つこと自体、実は運が悪いの。勝てばラッキーと思うかもしれないけど、そこには、「次もまた勝てるんじゃないか」という、悪魔のささやきまでついてくる。

働けば、確実にお金が手に入ります。でも、賭けごとでは、お金を手に入れ続けることはできません。勝ち続けるのは不可能です。

だけど、のめり込んでしまったら、そう簡単にやめられなくなるんだよね。やがて、大損をすることになります。

一方、最初から負けっぱなしの人は、そのときは悔しい思いをするだろうけど、長い目で見たらトクします。

負け続けたら、普通はバカバカしくなって、もう二度とギャンブルなんてするものかってなるじゃない。

賭けごとをしなければ、ギャンブルに無駄なお金を使わずに済む。そのお金を貯金してもいいし、ほかに有効活用することもできるよね。

という意味では、運の強い人は、賭けごとにはめっぽう弱いわけです。

ギャンブルで勝つのは、一見、ツイてるようでも、実は「悪運を拾ってしまった」ということになる。

で、これが大前提にあると、賭けごとを趣味で楽しめる人以外は、まったくおもしろいと思えないの。勝っても負けても、アンラッキーなわけだからね（笑）。

それに、世間では、「賭けごとにハマッてます」と言う人は、周りからいい印象を持ってもらえないものだと思います。

仕事もしないでギャンブル漬けだと、人に信用してもらえない。

賭けごとにのめり込むのは、どう転んでも、結局、損をすることになるんだ。

おわりに

27年という歳月が過ぎてみて、思うことがあります。

ゆっくり生きたらいい。
慌てず、人生の醍醐味をじっくり味わいながら笑って生きる。
それが人の幸せなんだ。

だから、もし27年前にタイムスリップして、過去の自分に会えるんだとしたら、
こんなふうに伝えたい。

「もっともっと、ゆっくり生きていいんだよ」

一人さんは、おそらく、人よりもだいぶゆっくり生きてきたほうだと思います。
それでも、今の自分から見ると、やっぱりかつての自分は少し早歩きだったかもしれないなぁと感じるほど、今は人生の流れが緩やかに感じられるの。

その感覚をうまく言葉に置き換えられないのですが、しいて言えば、自分の魂に磨きがかかり、一段と神様に近づけた、ということかもしれません。

でもね、魂が成長したのは私だけでなく、社会全体に言えることだと思います。

27年前と今を比べてみても、この世界の豊かさは急速に増し、それに比例するように、人々の心にはゆとりが生まれたよね。

私から見ると、社会の流れもすごく緩やかになったように感じます。

人間は、いろいろありながらも、それぞれにふさわしい神の道を歩いている。

あなたも、もちろんその一人です。

この先も、これまで以上に周りの景色を楽しみながら、ゆっくり、ゆっくり、笑って生きようね。

さいとうひとり

雄大な北の大地で「ひとりさん観音」に出会えます

北海道河東郡上士幌町上士幌

ひとりさん観音

柴村恵美子さん（斎藤一人さんの弟子）が、生まれ故郷である北海道・上士幌町《かみしほろちょう》の丘に建立した、一人さんそっくりの美しい観音様。夜になると、一人さんが寄付した照明で観音様がオレンジ色にライトアップされ、昼間とはまた違った幻想的な姿になります。

記念碑

ひとりさん観音の建立から23年目に、白光の剣（※）とともに建立された「大丈夫」記念碑。一人さんの愛の波動が込められており、訪れる人の心を軽くしてくれます。

（※）千葉県香取市にある「香取神宮」の御祭神・経津主大神《ふつぬしのおおかみ》の剣。闇を払い、明るい未来を切り拓く剣とされている。

「ひとりさん観音」にお参りをすると、願い事が叶うと評判です。そのときのあなたに必要な、一人さんのメッセージカードも引けますよ。

そのほかの一人さんスポット

ついてる鳥居：最上三十三観音 第2番 山寺（宝珠山 千手院）

山形県山形市大字山寺4753　電話023-695-2845

一人さんが
すばらしい波動を
入れてくださった絵が、
宮城県の
定義山《じょうぎさん》 西方寺《さいほうじ》に
飾られています。

仙台市青葉区大倉字上下1
Kids’ Space 龍の間

**勢至菩薩様は
みっちゃん先生の
イメージ**

聡明に物事を判断し、冷静に考える力、智慧と優しさのイメージです。寄り添う龍は、「緑龍」になります。地球に根を張る樹木のように、その地を守り、成長、発展を手助けしてくれる龍のイメージで描かれています。

**阿弥陀如来様は
一人さんの
イメージ**

海のようにすべてを受け入れる深い愛と、すべてを浄化して癒すというイメージです。また、阿弥陀様は海を渡られて来たということでこのような絵になりました。寄り添う龍は、豊かさを運んでくださる「八大龍王様」です。

**観音菩薩様は
はなゑさんの
イメージ**

慈悲深く力強くもある優しい愛で人々を救ってくださるイメージです。寄り添う龍は、あふれる愛と生きる力強さ、エネルギーのある「桃龍」になります。愛を与える力、誕生、感謝の心を運んでくれる龍です。

斎藤一人さんとお弟子さんなどのウェブ

斎藤一人さん公式ブログ
https://ameblo.jp/saitou-hitori-official/

一人さんがあなたのために、
ツイてる言葉を、
日替わりで載せてくれています。
ぜひ、遊びにきてくださいね。

斎藤一人さんX（旧Twitter）
https://x.com/o4wr8uaizherewj

一人さんのX（旧Twitter）です。
ぜひフォローしてくださいね。

柴村恵美子さんのブログ	https://ameblo.jp/tuiteru-emiko/
ホームページ	https://emikoshibamura.ai/
舛岡はなゑさんの公式ホームページ	https://masuokahanae.com/
YouTube	https://www.youtube.com/c/ますおかはなゑ4900
インスタグラム	https://www.instagram.com/masuoka_hanae/?hl=ja
みっちゃん先生のブログ	https://ameblo.jp/genbu-m4900/
インスタグラム	https://www.instagram.com/mitsuchiyan_4900/
YouTube	https://www.youtube.com/channel/UC4WV5S-NRtiMpaB1o1rYsMw
宮本真由美さんのブログ	https://ameblo.jp/mm4900/
千葉純一さんのブログ	https://ameblo.jp/chiba4900/
遠藤忠夫さんのブログ	https://ameblo.jp/ukon-azuki/
宇野信行さんのブログ	https://ameblo.jp/nobuchan49
尾形幸弘さんのブログ	https://ameblo.jp/mukarayu-ogata/
鈴木達矢さんのYouTube	https://www.youtube.com/channel/UClhvQ3nqqDsXYsOcKfYRvKw

斎藤 一人（さいとう・ひとり）

実業家・「銀座まるかん」（日本漢方研究所）の創設者。

1993年以来、毎年、全国高額納税者番付（総合）10位以内にただ1人連続ランクインし、2003年には累計納税額で日本一になる。土地売却や株式公開などによる高額納税者が多いなか、納税額はすべて事業所得によるものという異色の存在として注目される。

著書に『斎藤一人　奇跡の人』（徳間書店）、『斎藤一人の自分を生きる極意』（サンマーク出版）、『斎藤一人　幸せ波動、貧乏波動』（PHP研究所）、共著に『斎藤一人　この世を天国に変えるコツ』（みっちゃん先生と）、『斎藤一人　檄文　完全版』（舛岡はなゑさんと・ともに徳間書店）などがある。

27年後の
変な人が書いた成功法則

2024年12月31日　第1版
2025年 1 月25日　第2版

著　者　　斎藤一人
発行者　　小宮英行
発行所　　株式会社徳間書店
〒141-8202
東京都品川区上大崎3-1-1
目黒セントラルスクエア
電話　編集(03) 5403-4344
販売(049) 293-5521
振替　00140-0-44392

印刷・製本所　中央精版印刷株式会社

ISBN 978-4-19-865957-8